イタリア「地パスタ」完全レシピ

L'Italia della Pasta Regionale
77 Ricette Autentiche

料理 ● 小池教之
Osteria dello Scudo

文 ● 池田愛美

世界文化社

L'Italia della Pasta Regionale

「地パスタ」から見えてくるイタリア20州20様

　イタリアのパスタには、その土地に生まれ、受け継がれて、郷土の料理として存在しているものが数多くある。それを本書では「地パスタ」と呼び、イタリア20州各地で作り続けられてきたパスタ料理について考えてみることにした。

　南北に長く、海も山もあるイタリアでは、料理にもその土地柄が色濃く滲む。しかもパスタは全国に存在するので、これを定点に観測をすると北部、中部、南部の違いが浮かび上がってくる。　日本の「雑煮」において東西や南北で異なった特徴的な傾向が見られるようなものだ。しかし、もちろん、その傾向に当てはまらない全国に見られるものもあれば、北部と南部にあっても中部にないというようなものもある。そういった例外がどうして生まれてきたのかを調べたり考

えるのも「地パスタ」研究の面白さだ。

　本書では、イタリアで比較的知られている「地パスタ」を取り上げ、それぞれの"地元"を州で表した。　カンパーニア州のようにいくつもの「地パスタ」があるところもあれば、ヴァッレ・ダオスタ州のように一つしか登場しない州もある。　それは地理的、歴史的にパスタがよく発達したところとそうでないところがあるという現実を反映したものだ。また、現代では手打ちパスタより乾燥パスタの方がイタリア人にとって身近だが、その歴史は浅いため、地域的な特色のある乾燥パスタの料理は手打ちパスタのそれよりも少ない。そういった背景も鑑みながら、乾燥パスタ32、手打ちパスタ45、全77の解説とレシピを通じてイタリアの「地パスタ」を味わってほしい。

それぞれの州の地パスタの特徴

❶ヴァッレ・ダオスタ州

4000m級の山が土地の大半を占める、イタリア最小の州。バターやチーズをよく使う。小麦が栽培できないため、じゃがいもを使ったニョッキやライ麦のパスタを、スープのような煮込みに加えたり、溶かしたチーズを絡めて食べる。

❷ピエモンテ州

チーズなどの乳製品が味の決め手だが、野菜の栽培も盛んで、バーニャ・カウダが郷土料理として知られている。代表的なパスタは卵たっぷりの生地で作る極細麺のタヤリン、小粒な詰め物パスタのアニョロッティ・デル・プリン。

❸リグーリア州

海から急激に高度が上がる、海岸沿いの崖のような土地。小麦栽培には向いていないが、特徴的な伝統パスタは多く、ねじりパスタのトロフィエ、木型で模様をつけるクロセッティなどがある。ソースではバジリコのペスト・ジェノヴェーゼが有名。

❹ロンバルディア州

ポー川などいくつもの河川が流れる平野とアルプス山岳がある土地。米の栽培が盛んで、パスタはやや劣勢だが、山間部のそば粉を使ったピッツォッケリ、ミネストラ（スープ）にパスタを加えた煮込み料理など、冬に美味しいものがある。

❺トレンティーノ・アルト・アディジェ州

南チロル地方のアルト・アディジェ地区はドイツ文化の影響が強く、緩い生地を湯に落として茹でるシュペツレ、パン粉の生地を団子にしてスープで食べるカネーデルリが名物。チーズや燻製生ハムのスペックなど保存食も豊富。

❻フリウリ・ヴェネツィア・ジュリア州

オーストリアに支配されていた歴史があるため、中欧的な食材、料理が多く見られる。パプリカを使った煮込みのグーラッシュ、シナモンなどで香りづけた甘い詰め物を使うチャルソンスなど、スパイス使いや味の好みはかなりオリエンタル。

❼ ヴェネト州

ヴェネツィアを州都とする、農業が盛んな土地。米料理やポレンタ(とうもろこし粉の粥)がよく食べられているが、専用の押し出し機を使う長麺のビーゴリのような独特のパスタもある。豆と煮込んだパスタ・エ・ファジョーリは冬の定番メニュー。

❽ エミリア・ロマーニャ州

生ハム、パルミジャーノ・レッジャーノ、バルサミコ酢など食材の宝庫。パスタも卵入り生地で作るタリアテッレのラグー・ボロニェーゼを筆頭に、詰め物系のトルテッリやカッペッラッチ、パン粉生地のパッサテッリなど名物が多い。

⓫ マルケ州

なだらかな丘陵地が土地の大部分を占める州で、小麦を始めとする農業が盛ん。イタリアで最も細いというマッケロンチーニ・ディ・カンポフィローネ、ポレンタを使った生地のクレスク・タイェなどユニークな手打ちパスタが多い。

⓬ ラツィオ州

パスタをよく食べる土地で、ローマは、カルボナーラやアマトリチャーナ、カチョ・エ・ペペなど乾燥パスタを使った名物料理があり、田舎では仔羊を使ったラグーで食べる残りパン生地のパスタ、ピッツィコッティなど無駄を出さない始末料理がある。

⓮ モリーゼ州

イタリアで一番最後に州として独立。それまではアブルッツォ州の一部だったため、文化的にも似ている。特徴としては、豚や羊、山羊などを使った濃い味わいのラグーや、熟成したチーズを好むこと。山の料理ともいわれる所以。

⓯ カンパーニア州

ナポリの近郊にあるグラニャーノはかつての乾燥パスタの一大生産地。伝統的なパスタ料理も乾燥パスタ、特に太めのスパゲッティやズィーティなど歯ごたえのしっかりしたものに、短時間で仕上がるソースを合わせる傾向がある。

⓰ プーリア州

イタリア最大の野菜産地。パスタは手打ち、乾麺の両方を使うが、豊富な野菜と魚介を合わせることが多く、バランスよく健康的だと評される。伝統の手打ちパスタはオレッキエッテやカヴァテッリなど、手だけで作るシンプルなショートパスタが有名。

⓱ バジリカータ州

険しい山が多く、開発から取り残された分、伝統が強く残っている。プーリア州に似てオレッキエッテやマッケローニなども作るが、アルバニアからの移民文化がもたらした一本麺のマナータのような他所にはないパスタもある。

❾ トスカーナ州

ルネサンス文化で知られる歴史ある土地。料理は質素で野菜や豆を多く使う。塩なしのパンが主食で、パスタ文化はやや弱いが、長麺では幅広のパッパルデッレや手延べのピーチ、専用の蓋つき鍋で焼くテスタローリが名物。

❿ ウンブリア州

中南部で唯一海に接していないため、郷土の味は肉(特に豚と野禽)とサラミなどの肉加工品、豆、野菜が中心。パスタは粉と水だけで練った生地を手で延ばすストランゴッツィ(ウンブリケッリとも)など、素朴で食べ応えのあるタイプ。

⓭ アブルッツォ州

山が多く平野はほとんどない、羊飼いの土地。かつては乾燥パスタよりも手打ちパスタが主で、木枠に針金を張った道具で作るキターラが有名。クレスペッレ(スクリペッレとも)と呼ぶクレープ状のパスタなどもよく作られる。

⓲ カラブリア州

一年中温暖な気候に恵まれ、農業、漁業ともに盛ん。トロペア産の赤玉ねぎや唐辛子は全国に知られた名産品。手打ちパスタもあるが、乾燥パスタもよく食べる土地柄で、辛いサラミのンドゥヤと赤玉ねぎのソースなど土地ならではの食べ方がある。

⓳ サルデーニャ州

イタリア本土から遠く、独自の文化が発達した島。セモリナ粉に水を加えて混ぜながら粒状にしていくフレーゴラ、籠を利用して筋をつけるマッロレッドゥス、編み込み模様が美しいクルルジョネスなど手間をかけたパスタで知られる。

⓴ シチリア州

アラブやスペインの影響を受けた料理が多い。豊富な野菜、魚介、そしてケイパーやアンチョビなど風味の強い素材を効果的に使う。パスタは一般的に乾燥が使われるが、西部ではねじりパスタのブジアーテのような手打ちも健在。

3

目次

イタリア「地パスタ」完全レシピ

L'Italia della Pasta Regionale 77 Ricette Autentiche

「地パスタ」から見えてくるイタリア20州20様 ······················· 2

基本のレシピ
●トマトソース　●ソフリット ······································ 8
●肉のラグー・ボロニェーゼ　●ブロード　●サルシッチャ ········ 10

乾燥パスタ Pasta Secca

イタリア産小麦100%のパスタを楽しんでみよう ······················ 12

スパゲッティ・カチョ・エ・ペペ (ラツィオ州) ······················· 14

自家製トマトソースのスパゲッティ (イタリア全土、特に中南部) ········ 16

アンチョビとモッリーカのスパゲッティ (シチリア州) ················· 18

絶望のスパゲッティ (カンパーニア州ほか南部) ······················· 20

キターラの貧乏人風 (カラブリア州) ································· 22

スパゲットーニのアッラ・グリーチャ (ラツィオ州) ··················· 24

ブカティーニのアマトリチャーナ (ラツィオ州) ······················· 26

スパゲットーニのカルボナーラ (ラツィオ州) ························· 28

リングイネのプルチネッラ風 (カンパーニア州) ······················· 30

スパゲッティのトスカーナ式カレッティエラ (トスカーナ州) ·········· 32

スパゲットーニのローマ式カレッティエラ (ラツィオ州) ·············· 34

フジッリのシチリア式カレッティエラ (シチリア州) ··················· 36

イワシの魚醤のスパゲッティ (カンパーニア州) ······················· 38

ズッキーニのリングイネ (カンパーニア州) ··························· 40

チョチャーリア式スパゲッティ (ラツィオ州) ························· 42

イワシのマファルディーネ (シチリア州) ····························· 44

からすみのリングイネ (サルデーニャ州) ····························· 46

ンドゥヤと赤玉ねぎのカザレッチェ (カラブリア州) ··················· 48

ラルドソースのズィーティ (カンパーニア州) ························· 50

レモンクリームのジッリ (カンパーニア州) ··························· 52

ズィーティのナポリ式ラグー・ジェノヴェーゼ (カンパーニア州) ········ 54

ペンネのサン・ジョヴァンニ風 (プーリア州、バジリカータ州) ·········· 56

ローザマリーナのカザレッチェ (カラブリア州) ······················· 58

カリフラワーのフジッリ・コルティ（カンパーニア州、シチリア州）……… 60

リガトーニのノルマ風（シチリア州）…………………………………… 62

メッツェマニケの牛テール・スーゴ（ラツィオ州）……………………… 64

フジッリのエオリア式ソース（シチリア州）……………………………… 66

ミッレコセッデ（カラブリア州）………………………………………… 68

スパゲットーニのグーラッシュスッペ（トレンティーノ・アルト・アディジェ州、
　　フリウリ・ヴェネツィア・ジューリア州、ヴェネト州）…………………… 70

メッツェマニケのブゼッカ（ロンバルディア州）……………………… 72

ピエモンテ式ルマーケのパスタ・ミスタスープ（ピエモンテ州）……… 74

じゃがいものカラマレッティ（カンパーニア州）……………………… 76

イタリアの乾燥パスタ事情 ……………………………………………… 78

手打ちパスタ Pasta Fresca

地域性、祝祭の料理、始末料理。
　奥深い手打ちパスタの世界 …………………………………………… 80

基本の白いパスタ生地、セモリナ粉のパスタ生地 ………………… 84

卵入りパスタ生地 ……………………………………………………… 86

ストラシナーテのサルシッチャとフリアリエッリのソース
　　（カンパーニア州と南部）……………………………………………… 88

カヴァテッリのズッキーニソース（南部全般）………………………… 90

ムール貝と白いんげん豆のカヴァテッリ（プーリア州）……………… 92

グラノ・アルソのオレッキエッテ（プーリア州）……………………… 94

チチェリ・エ・トゥリア（プーリア州）…………………………………… 96

じゃがいものニョッキ、フォンティーナソース
　　（ヴァッレ・ダオスタ州）………………………………………………… 98

セモリナ粉のニョッキ（ラツィオ州）………………………………… 100

鶏ラグーのガルガネッリ（エミリア・ロマーニャ州）………………… 102

クレスペッレのタリアテッレ、ペペローネソース（アブルッツォ州）…… 104

栗の粉のトロフィエ、くるみのソース（リグーリア州）……………… 106

いのししラグーのマッケローニ（南部全般）………………………… 108

ポルチェーヴェラ谷式コルツェッティ、うさぎのソース
（リグーリア州） ……………… 111

バッカラソースのクロセッティ（リグーリア州） ……114

ペスト・ジェノヴェーゼのテスタローリ（トスカーナ州） ……116

ヴァルテッリーナ式ピッツォッケリ（ロンバルディア州） ……118

パスタ・エ・ファジョーリ（イタリア全土） ……120

アサリとムール貝のフレーゴラ（サルデーニャ州） ……122

エビとアサリのロリギッタス（サルデーニャ州） ……125

マッロレッドゥスのサルシッチャソース（サルデーニャ州） ……128

パッサテッリ・イン・ブロード
（エミリア・ロマーニャ州、マルケ州ほか） ……………… 130

ピサレイ・エ・ファゾー（エミリア・ロマーニャ州） ……132

仔羊の白いラグーのピッツィコッティ（ラツィオ州） ……134

パスタ・ラーザの内臓ソース（エミリア・ロマーニャ州ほか） ……136

クレスク・タイェのサルシッチャと豆のソース（マルケ州） ……139

鹿のラグーのシュペツレ（トレンティーノ・アルト・アディジェ州） ……142

カネーデルリ（トレンティーノ・アルト・アディジェ州） ……144

モリーゼ式豚のラグーのラヴィオリ（モリーゼ州） ……146

チャルソンス（フリウリ・ヴェネツィア・ジューリア州） ……148

クルルジョネス、オレンジ風味のトマトソース（サルデーニャ州） ……150

アニョロッティ・デル・プリン（ピエモンテ州） ……152

ピアチェンツァ式トルテッリ（エミリア・ロマーニャ州） ……154

かぼちゃのカッペッラッチ、フェッラーラ式馬のラグー
（エミリア・ロマーニャ州ほか） ……………… 156

タリアテッレのラグー・ボロニェーゼ（エミリア・ロマーニャ州） ……159

はとのソースのストランゴッツィ（ウンブリア州） ……162

マッケロンチーニ・ディ・カンポフィローネのスーゴ・フィント
（マルケ州） ……………… 164

ヴィンチスグラッシ（マルケ州） ……166

ポテンツァ式仔羊のラグーのマナータ（バジリカータ州） ……169

牛ラグーのパッパルデッレ（トスカーナ州） ……172

トロッコリのブロッコリソース（プーリア州、アブルッツォ州など） ……174

ブジアーテのカジキソース (シチリア州)	176
ツブ貝ソースのストロッツァプレーティ (マルケ州)	178
仔羊ラグーのキターラ (アブルッツォ州)	180
白トリュフのタヤリン (ピエモンテ州)	182
ビーゴリ・イン・サルサ (ヴェネト州)	184
サーニェ・キーネ (カラブリア州)	186

パスタの前身? ニョッキにまつわる昔話	189
終わりに	191

本書レシピの基本ルール

- 材料は1人分、2人分、作りやすい分量などさまざまですが、できるだけ家庭でも再現しやすい分量で呈示しています。お好みで調整してください。また、手打ちパスタの生地など、作りやすさという点からある程度の量を必要とするものもあります。余った場合の保存方法については、87ページを参照してください。
- EVOとは、Extra Virgin Olive Oilエクストラ・ヴァージン・オリーブオイルを指します。
- トマトのパッサータは、水煮トマトの裏ごしのことです。市販品もあります。
- イタリアの小麦粉は精製度によって分類され、00、0、1、2、全粒粉 (インテグラーレ) の5段階で、00が最も精製度が高い小麦粉です。本書では、小麦粉＝軟質小麦粉、セモリナ粉＝硬質小麦粉としています。
- 唐辛子は、イタリアで一般的な長さ2cm以下の小粒のものを使用。辛味はほどほどに強いので、お好みで調整してください。
- アンチョビは塩漬けのもの。塩を洗い落とし、骨を取り除いて使用。なければオイル漬けのもので代用します。
- ケイパーは塩漬けのもの。塩を洗い落として使用します。塩気が強い時は水に浸けて塩抜きを。塩を抜きすぎると味がぼけるので、水に浸けている間にこまめにチェックしましょう。
- バターは無塩バターを使用。
- チーズなどの分量の目安で、ひとつかみは約10g。
- パスタを茹でる時の塩の分量は、水1Lに対し、塩10gが目安。精製塩ではなく、海塩または岩塩を使用します。
- Uno spunto dallo chefは、シェフからのワンポイントアドバイスです。

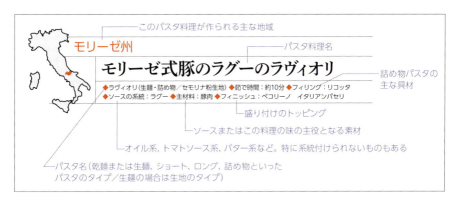

Le Ricette di base ── 基本のレシピ

トマトソース

　十人十色、百人いたら百通りの作り方があるといっても過言ではないトマトソース。好みに応じてアレンジしてもよいが、ポイントは、トマトの酸味が明快で、塩味は控えめであること。最近のトマトの水煮は味わいが濃厚なので、玉ねぎの甘みを出しすぎると酸味が弱まってしまう。玉ねぎは味わいに奥行きを与えるためだけに留めるのが肝要だ。また、トマトを細かくつぶす必要はない。煮込んでいくと自然に崩れていき、種も溶けていくので気にならなくなる。もし気になるようであれば仕上がる頃に泡立て器でつぶすが、自然な粒が残る方が食感もよい。アクも神経質に全て取り除こうとせず、トマト本来の味わいを生かしたい。

　煮上がりの目安は、オイルが馴染んで表面にテリが出てくるあたり。あまり煮詰めすぎず、水分が多めのサラリとしたテクスチャーを意識すれば、応用力の高いソースとなる。にんにくは好みでそのまま残しても、取り出してもよい。滑らかなソースにする場合、ミキサーや濾し器で濾す時ににんにくは取り除く方がよいだろう。最後に加える塩は、トマトの水煮の味に応じて加減する。塩味がしっかりしすぎるとベースとしての役割を逸脱し、ほかの材料とのバランスを崩してしまう恐れがあるので、場合によっては加えなくともよい。ローリエはドライだと甘さが強く出るので、爽やかな青い香りを楽しめるフレッシュなものを使いたい。

材料（作りやすい分量　約15〜20人分）
トマトの水煮(缶)……2550g
玉ねぎ……180g（およそ1/2個分、みじん切り）
A ┌ EVO……90ml
　└ にんにく(つぶす)……2〜3片
ローリエ(生)……2枚
塩……10g

1 鍋にAを入れ、弱火にかける。にんにくがオイルに浸かるよう、鍋を傾ける。使う鍋は、熱伝導率のよい厚手のアルミ製がよい。

2 にんにくから細かい泡が出てくるようになったら玉ねぎを加え、ソテーする。玉ねぎの水分を飛ばすために火力は少し強める。

3 次第に玉ねぎの水分が減り、透明感が出て少しだけ色が変わってくる（アメ色にはしない）。

4 トマトの水煮をつぶさずに加える。缶の蓋で押さえるようにしながら鍋に入れると果汁が飛び散らない。

5 缶の底に残った分を溶かすために少量の水を缶に入れ、缶の中身をこそげて鍋に加える。

6 ローリエをちぎって切り込みを入れてから加え、煮込む。火加減は弱火と中火の間くらい。

7 沸騰してきたらアクを取り除く。その後は、鍋肌についた飛沫を時折ゴムベラでこそげ落としながら1時間ほど煮込んでいく。煮上がったら塩を加える。

Salsa di Pomodoro

ソフリット

ラグーなどの煮込みソースの味のベースとなる、香味野菜の炒め煮。

基本のソフリット

材料と作り方

玉ねぎ、セロリ、にんじんを2：1：1の割合で用意し、適宜切り（切り方で食感や使い道が変わる）、玉ねぎの重量の1/4のEVOで焦がさないように注意しながら軽く色がつくまで炒める。

玉ねぎのソフリット

材料と作り方

玉ねぎ1kgを厚めにスライスし、EVO適量を加えて熱した鍋に入れ、ローリエ1枚、塩ひとつまみも加え、よく混ぜる。蓋をして弱火でじっくりと玉ねぎから出る水分で蒸し焼きにする（玉ねぎから水が出にくい場合は少量の水を足す）。

Le Ricette di base──基本のレシピ

肉のラグー・ボロニェーゼ

　肉のラグー、いわゆるミートソースは、土地ごと、人ごとにさまざまなレシピが存在するが、まずは応用力の高い基本のラグー・ボロニェーゼを紹介する。肉の種類や配合、挽き具合を変えたり、香辛料を変えることで味は千変万化する。肉に対し、塩は2%が目安。このレシピでは、肉の一部に加工肉を用いるため、塩は若干控えている。

Ragù Bolognese

材料（作りやすい分量　約20人分）
A ┌ 牛すね肉……650g
　├ 豚肩肉……350g
　│ ハム、サラミ（モルタデッラ、
　│ 生ハム、フェリーノ・サラミ
　└ など）……150g
B ┌ 塩……18g
　└ 黒胡椒、シナモン……各適量
EVO……適量
赤ワイン……600ml
C ┌ 水……500ml
　└ トマトペースト……50g
基本のソフリット（P.9）
　……300g
ローリエ（生）……4枚
塩……適量

1
Aを粗挽きする。

2
Bを加え、全体を混ぜる。

3
鉄のフライパンを熱し、EVOと2を入れ、強火で肉に火を通す。肉は一度に加えず、何回かに分ける。

4
肉にしっかりと焼き色をつけるため、あまり動かさない。また、煽るとその瞬間温度が下がり、肉から水が出やすくなるので、煽らない。

5
焼き色がついたらボウルに置いたザルにあけ、余分な油を切る。あいたフライパンで残りの肉を焼きつけていく。

6
肉を全て焼き終わったら、煮込み鍋に移し、あいたフライパンに赤ワインを入れて軽く煮詰め、煮込み用の鍋に加える。

7
C、ソフリット、ローリエをちぎって切れ目を入れて加え、中火で煮込む。煮立ったら弱火にし、1時間ほど煮込んで味が馴染んだら、塩で調味して完成。

※余ったラグーは冷凍も可能。密閉できるビニール袋に入れ、なるべく空気を抜いて保存する。使用するときは解凍し、加熱殺菌する。

ブロード

ブロードは、残った野菜屑や香草、その時にある肉の端材や骨をまとめて煮出すもので、作り方はいろいろある。弱火でじっくり茹でた丸鶏や骨つきもも肉などは、肉そのものも美味しく、また、そのブロードは塩で調味するだけでスープとして、あるいはラヴィオリなどをさっと煮ればクラシックな一品となる。余ったブロードは、密閉ビニール袋などに入れ、冷凍保存。解凍の際は、一度沸騰させ、すぐに氷などを当てて冷やす。すぐに使わないとき時は冷蔵庫で保存する。以下の二つのブロードのほかに、羊などクセのある肉を使う料理には、そのものから煮出し、ブロードを仕立てることもある。

基本のブロード

白身系の肉の骨、端材がベース。クセがなく、何にでも使えるタイプ。

材料（作りやすい分量）

鶏、うさぎなどの骨、端材……1kg
玉ねぎ……1個
にんじん……1/3本
セロリ……1/2本
にんにく……1/2片
ローリエ……1枚
イタリアンパセリの軸……5本
水……4〜5L

作り方

1. 鍋に骨や端材、適宜切った玉ねぎ、にんじん、セロリとにんにく、水を入れ、強火にかける（沸騰させない）。

2. 途中、最初に出てくる大きなアクをすくい、ローリエ、イタリアンパセリの軸を加え、火を弱める。

3. 後から出てくるアクや油脂を時折すくいながら約2時間ゆっくり煮出す。

4. さらし布を敷いたザルで濾し、液面にラップを密着するようにかけ、冷蔵庫で一晩冷やす。

5. 翌日、浮き上がってラップに付着した油脂をラップごと取り除く。

肉のブロード

牛肉や豚肉、鶏肉などの切れ端や、筋、骨がベース。基本のブロードよりも味が濃いので肉料理系全般やズッパなどに。

材料（作りやすい分量）

牛肉、豚肉などの切れ端や筋、骨など……2kg
玉ねぎ……2個
にんじん……1本
セロリ……1本
にんにく……1片
ブーケガルニ（ローリエ2枚、ローズマリー2枝、タイム2〜3枝、セージ2枝、イタリアンパセリの軸数本を糸で縛る）
粒黒胡椒……20粒
クローブ……1個
水……10L

作り方

牛肉や筋などはよく水で洗い、必要であれば水にさらして血抜きする。その後は基本のブロードと同様（胡椒、クローブはブーケガルニとともに最初のアクをすくってから加える）。弱火にしてからの加熱時間の目安は3〜4時間。

サルシッチャ

豚（肩ロース、すねなど）の粗挽き肉1kg、塩15〜20g（好みで調節する）、黒胡椒5g、フェンネルシード少々、にんにく（みじん切り）1片を全て混ぜ合わせて練り、一晩おく。そのまま、あるいは腸詰めにする。

イタリア産小麦100%のパスタを楽しんでみよう

パスタといえばまず思い浮かぶのはスパゲッティなどの乾燥パスタ。実は、手打ちパスタから発展した、いうなれば改良品で、①保存性が高い、②機械で大量に作るので価格が安い、の二つのメリットがある。それだけでなく、手打ちパスタにはない弾力のある食感やバラエティに富んだ形を楽しめるという長所もある。

現在のような乾燥パスタが盛んに作られるようになったのは19世紀の産業革命以降。パスタ生地を大量に均一に練り上げ、ダイスを使った押し出し式によるパスタの製造が可能になってから生産規模が拡大した。20世紀には、練り上げ、成形、乾燥の工程がオートメーション化し、安価な輸入小麦を使った大量生産品が広まった。ところが、1980年代に起こったスローフード運動をきっかけに、昔ながらの手作りの食品を見直す動きが高まり、アルティジャナーレと呼ばれる比較的少量生産で、材料の品質、味わいにこだわったパスタに注目が集まるようになった。21世紀に入って以降は、輸入の小麦を使わず、イタリア産の小麦、しかも、収量の高い品種改良された小麦ではなくイタリア古来の品種の小麦を使うメーカーが増えつつある。さらには、自社の畑で栽培した小麦のみを使ってパスタを製造するメーカーもある。味や品質の向上、トレーサビリティの明確化、有機栽培や二酸化炭素排出量削減に努めるといった環境への配慮にも留意することが、イタリアの乾燥パスタの業界で最先端をいくメーカーの常識となりつつある。

美味しいパスタを見極めるには、茹でてそのまま、あるいは、オリーブオイルをかけただけで味わってみるとよい。ポイントは、小麦の風味がしっかりと感じられるか、そして、適度な弾力性があるか。メーカーの異なるものを2～3種類同時に試して、その違いを感じてみるのもいいだろう。注意点としては、アルデンテにこだわりすぎて加熱不足にならないようにすること。芯が残った、いわゆる生煮えの状態ではパスタ本来の味を感じられない。最近の乾燥パスタは茹ですぎて表面が溶けたり、伸びてしまうことは殆どないので、臆すことなく芯まで熱を入れて味わってほしい。

乾燥パスタ
Pasta Secca

本書に登場する乾燥パスタ

スパゲッティ
もっともベーシックだが、メーカーによって太さに違いがある。より細いものはスパゲッティーニと呼ぶ。

スパゲットーニ
特に南イタリアで一般的な太めのスパゲッティ。メーカーによってはヴェルミチェッリなどと名前が異なることも。

キターラ
手打ちパスタのキターラの乾燥パスタ・バージョン。手打ちよりも細いことが多い。断面は四角形。

ブカティーニ
中央に穴のあいたロングパスタ。南イタリアでよく食べられる。太くて食べにくいので、適度に折って使う。

リングイネ
平たいロングパスタ。スパゲッティよりも歯ごたえのある食感。メーカーによってはバベッテと呼ぶこともある。

マファルディーネ
レジーネ、レジネッテとも呼ばれる、縁がフリル状の平たいロングパスタ。中部以南でよく使う。／La Fabbrica della Pasta di Gragnano

フジッリ
フーゾと呼ぶ糸を紡ぐ紡錘を芯にして、細く延ばしたパスタを巻きつける手打ちパスタが原型。南イタリアが発祥。／La Molisana

カザレッチェ
"ホームメード"という意味。表面は滑らかだが、内側に向かったカーブと全体のねじれのおかげでソースが絡みやすい。／Pastai Gragnanesi

ズィーティ
中央に穴のあいたパスタ。本来はロングで、ブカティーニよりも太く、折って使う。表面は滑らかなのが一般的。／Pastai Gragnanesi

ジッリ
"百合"という名前のとおり、かの花をイメージしたユニークなパスタ。フリルとねじれがよくソースをとらえる。／Vicidomini

ペンネ
ペン先をイメージして、端が斜めにカットされたパスタ。表面に筋の入ったタイプはペンネ・リガーテと呼ぶ。／La Molisana

リガトーニ
穴あきのショートパスタ。大きく、生地も厚いので食べ応えがある。中南部、特にローマでよく食べられる。／Barilla

メッツェマニケ
"半袖"という名前の穴あきパスタ。だいたい、リガトーニの半分くらいの長さで、直径もやや小さいことが多い。／Pasta Mancini

カラマレッティ
カラマーリ(ヤリイカ)を輪切りにしたような形のパスタ。カラマーリ、カラマラータとも呼ぶ。カンパーニア州でよく使う。／Pastai Gragnanesi

パスタ・ミスタ
ショートパスタや折ったロングパスタをいろいろ取り混ぜたもの。スープなど煮込むタイプの料理によく使われる。／Pastificio G.Di Martino

※文末の／以降はここで使用したパスタメーカー名。

ラツィオ州

スパゲッティ・カチョ・エ・ペペ

◆スパゲッティ(乾麺・ロング) ◆茹で時間：約10分 ◆主材料　ペコリーノ　黒胡椒

ペコリーノと黒胡椒をふんだんに

　早い、安い、うまいの三拍子揃ったローマ庶民の味方、カチョ・エ・ペペ。茹でたパスタとペコリーノチーズと胡椒だけの超絶シンプル、しかし、味わいは奥深い。ポイントはパスタの水切り。茹で上がったらほとんど水を切らない、あるいは、茹で汁を加えてパスタとチーズをよくよく混ぜること。この水分がチーズを溶かし、パスタに吸収される時にチーズの味も一緒に染み込んでいく。

　オリーブオイルを使わないのが基本だが、にんにくと多めのEVオリーブオイルを熱し、そこへ胡椒を加え、茹で上がったパスタと茹で汁を加えて水分をパスタに吸わせ、最後にたっぷりのチーズを加えて混ぜる、という作り方もある。この場合、パスタが乾いた状態になりやすいので、とにかく手早く、が鉄則だ。

　そもそもは下町の食堂だけで食べられるような、超庶民的パスタだったが、今ではローマ中のレストランでないところはないほどの人気メニューである。ローマ家庭料理の本では必ず紹介され、中には「簡単に見えてもっとも経験と腕が必要」とまで但し書きをしている本もある（Livio Jannattoni著「La cucina romana e del Lazio」）。使うパスタは、太めのスパゲッティ、または、ローマでトンナレッリと呼ばれるキターラ（P22、P180参照）が多い。

材料(1人分)
スパゲッティ……80g
黒胡椒、ペコリーノ(すりおろす)……各適量

作り方

1　スパゲッティを茹で始める。
2　スパゲッティの茹で汁70mlをフライパンに入れ、弱火にかける。
3　茹で上がったスパゲッティを加え、黒胡椒をたっぷりふり、さらに水を少々加える。
4　水分が沸騰したら火からおろし、煽りながら、ペコリーノをふたつかみほど加える。
5　皿に盛り、ペコリーノ、黒胡椒をふる。

Spaghetti cacio e pepe

イタリア全土、特に中南部

自家製トマトソースのスパゲッティ

◆スパゲッティ(乾麺・ロング) ◆茹で時間:約10分
◆ソースの系統:トマトソース ◆フィニッシュ:バジリコ

旬のトマトをいつでも味わえる

　パスタはもちろん、イタリア料理の基本ともいえるトマトソース。イタリアではトマトが出盛る夏に大量に瓶詰めにして、秋から春まで利用するのが伝統だが、都会ではそのような習慣も薄れている。それでもやっぱりトマトソースはイタリア人にとって心のふるさとであり、太陽が凝縮したような濃く甘酸っぱい味わいはそれだけでパスタを十分美味しくしてくれる。完熟トマトをそのまま瓶詰めにしたものをソースにする時は、なるべくしっかりと煮詰めることがポイント。あとはほんの少量の塩で味が決まる。

　自家製トマトソースの代わりとしては、フレッシュトマトやミニトマトをフライパンの中で煮崩しながら適度な濃度まで煮詰める、あるいは、パッサータ(裏ごし)かトマトピューレを使用すると手軽にできる。ただ、メーカーによって味が違うので、好みのものが見つかるまでいくつか試してみるとよい。

材料(1人分)

スパゲッティ……90g
サン・マルツァーノ種トマトの自家製瓶詰め(＊)
　……140g
塩、バジリコ、EVO……各適量

作り方

1　スパゲッティを茹で始める。
2　フライパンに瓶詰めのトマトを入れ、弱火にかけ、フォークで粗くつぶす。
3　塩ひとつまみ、バジリコの葉2〜3枚を入れ、煮詰める。煮詰まり過ぎたら水適量を加えて調整する。
4　茹で上がったスパゲッティを加え、煽り混ぜる。塩で調味し、EVO少々を加え混ぜる。
5　皿に盛り、バジリコをあしらう。

＊サン・マルツァーノ種トマトは、出盛りの時期に、瓶内にできるだけきつめに隙間無く果肉(皮をむいたもの)を詰め、その隙間を埋めるように果汁を少量を流し入れる。密閉し、煮沸。瓶ごと保存しておく。

Uno spunto dallo chef

自家製のトマトソースはカンパーニア州での修業時代に、店の家族達とみんなで夏の間、倉庫に山ほど積み上がる自家菜園のトマトをせっせと瓶詰めして作ったやり方だ。日本ではなかなかこうした作り方に適したサン・マルツァーノ種やクオーレ・ディ・ブーエ種は手に入りにくいが、可能であればぜひ挑戦していただきたい南イタリアの伝統である。既存のホールトマトよりもむしろフレッシュに近い自然な甘みや酸味が表現でき、また一つ違ったトマトの可能性を感じることができる。

Spaghetti al sugo di pomodoro fatto in casa

シチリア州
アンチョビとモッリーカのスパゲッティ

◆スパゲッティ(乾麺・ロング) ◆茹で時間：約10分 ◆ソースの系統：オイル
◆主材料：アンチョビ　パン粉 ◆仕上げ：パン粉(モッリーカ)　イタリアンパセリ

炒りパン粉をチーズの代わりに

　イタリア南部、特にシチリアやナポリでは、仕上げにパン粉(モッリーカという)を使うパスタが少なくない。ナポリではこのモッリーカを"チーズ"と呼ぶこともあるが、けして自虐ではなく、これがうまいのだと胸を張っているところに、ナポリ人の人生の楽しみ方のようなものが滲み出ている。

　モッリーカにするのはセモリナ粉のパンで、軟質小麦粉のパンに比べると格段に香りが強く、それを炒ることでさらに香ばしさが増す。また、モッリーカに刻んだレモンの皮やイタリアンパセリを加えると、シンプルなパスタにもさまざまな変化をつけられるのでお試しを。なお、このパスタに使うアンチョビは、できれば塩漬けのものを選んでほしい。油漬けに比べると塩を洗い落したり、骨を取り除く手間もかかるが、旨味は断然上。シンプルだからこそ、素材は上等なものを使いたい。

材料（1人分）

スパゲッティ……100g
EVO……30ml
パン粉……80g
a ┌ EVO……30ml
　├ にんにく(つぶす)……1片
　└ 唐辛子(小)……1個
塩漬けアンチョビ(塩を洗い、頭と背骨を取り除く)……10g
塩、イタリアンパセリ(刻む)……各適量

作り方

1　モッリーカを作る。フライパンにEVOを入れて弱火で温め、パン粉を加えてこんがりと色づくまで炒め、塩で調味する。好みでにんにくやオレガノ(ともに分量外)を加えて炒めてもよい。1人分にはおよそ半量を使う。(A)

2　スパゲッティを茹で始める。

3　フライパンにaを入れて弱火にかけ、アンチョビを加えて溶かす。唐辛子を焦がさないように注意する。

4　火から一旦下ろして水70mlを加え、再び火にかけてふつふつと沸くまで加熱する。

5　茹で上がったスパゲッティを加え、水少々、イタリアンパセリ少々も加え、煽り混ぜる。

6　皿に盛り、モッリーカをふりかけ、イタリアンパセリを散らす。

塩漬けアンチョビは、頭や内臓、骨もそのままの状態が一般的。匂いが漏れないように密閉して冷蔵庫で保存する。

A

18 ── Pasta Secca

Spaghetti alle acciughe e mollica

カンパーニア州ほか南部
絶望のスパゲッティ

◆スパゲッティ(乾麺・ロング) ◆茹で時間:約10分
◆ソースの系統:オイル ◆主材料:黒オリーブ ◆フィニッシュ:ペコリーノ

黒オリーブとにんにくで仕立てる

　"絶望"というなんとも大げさな名前のついた一皿だが、冷蔵庫や台所にわずかに残っていた食材で作るパスタにこの名前がつくことが多い。つまり、これと決まった材料はなく、"何もなくて絶望"寸前だけれど、とにかく身近なものでなんとか仕上げるのが、このパスタだ。基本的にはアーリオ・オーリオで、そこに黒オリーブとペコリーノチーズをたっぷり使う。オリーブのコクとチーズの旨味がストレートに味わえる、思いのほかリッチなパスタだ。そのほか、アンチョビ、唐辛子、残り野菜のみじん切りなどを加えてみてもいい。

　別バージョンの"絶望のスパゲッティ"には、スーゴ・フィント(偽物のスーゴ)もある。肉を使わず(ここが偽物と言われる所以)たっぷりのみじん切りの野菜やきのこなどをトマトで煮込んだ濃厚なソースのことだが、料理する前に大量に積み上がったみじん切り用の野菜を見て「絶望」したというのが名付けの理由らしい。

　ともかく、忙しい時や食事を逃した時、空腹をしのぐ"虫養い"に簡単便利な、イタリア人の知恵的一皿である。

材料 (1人分)
スパゲッティ……90g
a ┌ EVO……20ml
　└ にんにく(つぶす)……1片
黒オリーブ……12個
イタリアンパセリ(刻む)、ペコリーノ(すりおろす)、EVO……各適量

作り方
1 スパゲッティを茹で始める。
2 フライパンにaを入れ、弱火にかける。
3 にんにくから細かい泡が立ってきたら、種を取り除いた黒オリーブを加えて軽く炒め、香りを引き出す。
4 火からおろして水140mlを加え、再び弱火〜中火にかけて煮、軽く乳化し始めたら、イタリアンパセリを加える。(A)
5 茹で上がったスパゲッティを加え、茹で汁も少々加えて煽り混ぜ、ペコリーノをひとつかみ加え混ぜ、EVOをかけて、皿に盛る。

A

Spaghetti disperati

カラブリア州
キターラの貧乏人風

◆キターラ（乾麺・ロング） ◆茹で時間：約10分
◆ソースの系統：オイル ◆主材料：卵 ◆フィニッシュ：干したペペローニの素揚げ

ほぐし目玉焼きに干しペペローニを添えて

　イタリア語の料理名は、キターラ・デル・ポヴェレッロ。ポヴェレッロとは、貧しくつつましい人のこと。目玉焼きを添えたパスタは、ナポリをはじめとする南イタリアにおける家庭料理である。材料が乏しくても工夫して食べようとするのが庶民の知恵の見せどころ、貧乏人風とはいえ、なかなかどうして味わい深いパスタだ。白身部分は揚げるようにして縁をちりっと焦がし、黄身は半熟に仕上げ、白身も黄身も崩してパスタによくよく混ぜて食べる。卵かけご飯イタリアバージョンだ。シンプルもいいが、すりおろしたペコリーノやパルミジャーノをかけても美味しく、その場合は黒胡椒もお忘れなく。また、手に入ればカラブリア名物の干したペペローニ（大きな赤いシシトウ）をカラッと素揚げしてちぎって加えてみたい。サクサクとした食感と香ばしさ、何よりもその赤色がこの料理を一層美味しく見せてくれる。

材料（1人分）
キターラ（乾燥）……80g
卵……1個
ペコリーノ（すりおろす）……25g
EVO、塩、干したペペローニの素揚げ……各適量

作り方
1. キターラを茹で始める。
2. 卵は卵白と卵黄に分ける。
3. フライパンにEVO25mlを入れ、弱火にかけ、微かに煙が立ったら火から一旦下ろし、卵白を静かに注ぎ入れ、再び火にかける。
3. 卵白の縁がうっすらときつね色になったら火から下ろし、卵白の中央に卵黄を入れる。
4. 塩、パスタの茹で汁70mlを加え、蓋をして弱火にかけ、卵黄を半熟にする。
5. 茹で上がったキターラを加え、目玉焼きをほぐしながら和え、パスタの茹で汁、水各少々を加えて濃度を調整しながら乳化させる。
6. ペコリーノ、EVO少々を加え混ぜ、皿に盛り、干したペペローニの素揚げをちぎって散らす。

干したペペローニはカラブリアの伝統的な保存食。時間とともに色が黒ずんでくるので、なるべく早く使い切る方がよい。

Chitarra del poverello

ラツィオ州

スパゲットーニのアッラ・グリーチャ

◆スパゲットーニ(乾麺・ロング) ◆茹で時間：約15分
◆主材料：グアンチャーレ ◆フィニッシュ：ペコリーノ　黒胡椒

グアンチャーレの旨味充実

　アマトリチャーナ(P26)にトマトが加わる前に存在していたとされるアッラ・グリーチャ。由来については諸説あるが、ラツィオ州アマトリーチェ近郊のグリシャーノという村に住む羊飼いが編み出したのでその名前がついたという説が有力。羊を連れて山間を移動する時に、保存がきいて運びやすい材料を使って簡単にできるものとして生まれたという。

　ちなみに、グリシャーノ村が公表している資料には、羊飼い説とは別にもう一つの説がある。15世紀ごろ、スイスやドイツからの移民がローマでパン職人として働いていたが、彼らの着る作業着が"グリーチョ"と呼ばれていた。やがてその言葉は彼らそのものを指すようになり、彼らが仕事の合間に作る簡単な料理をグリーチャと呼ぶようになったというのだ。

　いずれにしてもこの料理の味の決め手となるのは、豚頬肉の塩漬けグアンチャーレ。脂身にじっくりと火を通して余分な脂を取り除き、旨味をしっかりと引き出すこと。量も多めにして、グアンチャーレが主役であることを意識したい。表面はカリッと焦げて、中はジューシーなグアンチャーレと、これまたたっぷりのペコリーノがコクを与え、シンプルだが満足感の高い一皿である。

材料(1人分)

スパゲットーニ(太いスパゲッティ)……80g
グアンチャーレ(豚頬肉の塩漬け)……100g
ペコリーノ(すりおろす)……30g
EVO、仕上げ用ペコリーノ(すりおろす)、黒胡椒
　……各適量

作り方

1　スパゲットーニを茹で始める。
2　グアンチャーレを厚さ7〜8mmほどにスライスしてから、幅7〜8mmの拍子木切りにする。
3　中火のフライパンに2を入れ、焼く。表面は香ばしく色づいているが、中は柔らかい状態(カリカリまではしない)になったら、余分な脂を取り除く。
4　パスタの茹で汁、水各70mlを加える。
5　茹で上がったスパゲットーニを加え、必要であれば水を少々加え、ペコリーノも加えてよく煽り混ぜる。
6　EVOを加えて混ぜ、皿に盛り、仕上げ用ペコリーノ、黒胡椒をふる。

Uno spunto dallo chef

仕上げの際、水分が足りずにスパゲットーニを炒めているような状態だとチーズを加えても乳化しないので、水分量の調整には十分注意したい。

Spaghettoni alla gricia

ラツィオ州

ブカティーニのアマトリチャーナ

◆ブカティーニ(乾麺・ロング) ◆茹で時間：約12〜13分
◆ソースの系統：トマトソース ◆主材料：グアンチャーレ ◆フィニッシュ：ペコリーノ

唐辛子が影の立役者

　アマトリチャーナは、ラツィオ州北部山間のアマトリーチェ市の郷土料理。前述のアッラ・グリーチャ(P24)にトマトソースを加えたものである。トマトが加わるだけで味わいはより深く、グアンチャーレもふっくらと仕上がってご馳走感が増すから不思議だ。

　アマトリーチェ市は、アマトリチャーナのレシピをトマトソースを使わないものをビアンカ(白、つまりアッラ・グリーチャのこと)、使うものをロッサ(赤)と呼び、そのロッサの材料は、アマトリーチェ産グアンチャーレ、オリーブオイル、トマト、白ワイン、唐辛子、アマトリーチェ産ペコリーノのみ。ローマのレストランや一般家庭では玉ねぎやにんにくを使うことも多いが、アマトリーチェ市によると、アマトリーチェ出身の料理人がより食べやすく改良したバージョンが普及したのだという。

材料(1人分)

ブカティーニ……80g
a ┌ EVO……20ml
　├ にんにく(つぶす)……1片
　└ 唐辛子(小)……1個
グアンチャーレ……80g
トマトソース(P8)……140ml
ペコリーノ(すりおろす)、EVO……各適量

作り方

1 ブカティーニは長さ12〜13cm程度に折ってから茹で始める。
2 フライパンにaを入れ、弱火にかける。
3 にんにくから細かい泡が立ってきたら、7〜8mm角の拍子木切りにしたグアンチャーレを加える。
4 グアンチャーレに焼き色がついたら、にんにくを取り出し、余分な脂を取り除いて、トマトソースを加える。パスタの茹で汁70mlも加えて軽く煮る。
5 茹で上がったブカティーニをソースに加え、水100mlも加え、よく煽り混ぜる。
6 ペコリーノを加え、EVOをかける。
7 皿に盛り、ペコリーノをふる。

Uno spunto dallo chef

トマトソースを加えた時に味見をして、味が弱ければ、取り除いたグアンチャーレの脂を少々加えるとよい。ブカティーニは、その太く、穴のあいた形状ゆえの弾力や空気の抜け感がおりなす、ある意味独特の"食べにくさ"が特徴。そのほかの乾麺のロングパスタのようにフォークにしなやかに巻きつけるには少々難しいので、伝統的には茹でる際に折って少し短くした状態のものを調理し、ロングとショートの中間のような長さのものをフォークに刺すようにして巻く食べ方も広く受け入れられていたようである。

Bucatini all'amatriciana

ラツィオ州

スパゲットーニのカルボナーラ

◆スパゲットーニ(乾麺・ロング) ◆茹で時間:約15分
◆主材料:卵　グアンチャーレ ◆フィニッシュ:ペコリーノ　黒胡椒

黄金のコンビ、卵とチーズ

　ローマ料理としてだけでなく、イタリア料理の代表的な一皿として世界的な知名度を持つカルボナーラ。しかし、その起源にはいくつもの説がある。よく知られているのは、アペニンの山で働く炭焼き職人(カルボナイオ)が編み出したという説。つきっきりで炭を見守る傍、簡単に作れるからというのが理由で、しかも、黒胡椒をたっぷりかけて炭焼きで爆ぜた炭を表すのが正しいとされる。あるいは、第二次世界大戦でアメリカ軍がローマに進駐した折に持ち込んだベーコンと彼らの好物である卵を使ったスパゲッティが元だという。が、この説の場合、なぜカルボナーラと呼ぶのかの説明ができない。

　そのほか、19世紀初頭頃のナポリで、フランスの炭焼き職人組合(シャルボニエール)の形態を模して決起され自由主義活動を展開していた政治結社「カルボナーリ党」由来説、同じくナポリなどで「カチョ・エ・ウォヴァ」(チーズと卵)と呼んでチーズと卵を絡めたマッケローニが伝統的に食べられていたことが元となっているという説もある。

　ところで、生クリームを加えるのは本式ではないといわれるが、生クリームを使うことで卵がダマになるのを防ぎ、しかもエレガントな味わいになると語る料理書もある。ともかく、諸説あっても、たっぷりの卵とグアンチャーレ、ペコリーノと黒胡椒が織りなす旨味の波状攻撃的カルボナーラは、永遠の都ローマを代表する料理である。

材料(1人分)
スパゲットーニ……90g
a ┌ 卵……1個
　└ 卵黄……1個
グアンチャーレ……80g
ペコリーノ(すりおろす)、黒胡椒……各適量

作り方

1　スパゲットーニを茹で始める。

2　ボウルにaを入れ、よく溶きほぐして卵のコシをしっかり切り、黒胡椒をやや多めに加える。

3　ペコリーノひとつかみを加え、よく混ぜ合わせて滑らかなクリーム状にする。

4　グアンチャーレを7〜8mm角の拍子木切りにしてフライパンに入れ、弱火で焼く。表面は香ばしく色づいているが、中は柔らかい状態(カリカリまではしない)になったら、余分な脂を取り除く。

5　4に水70mlを加え混ぜ、茹で上がったスパゲットーニを加えてよく混ぜて火から下ろす。

6　3を加え、パスタの茹で汁適量も加えて弱火にかけ、軽く水分を飛ばすように煽り混ぜる。

7　皿に盛り、ペコリーノ、黒胡椒をふる。

Spaghettoni alla carbonara

カンパーニア州
リングイネのプルチネッラ風

◆リングイネ(乾麺・ロング) ◆茹で時間：約12分
◆ソースの系統：オイル ◆主材料：ミニトマト ◆フィニッシュ：マジョラム(または生のオレガノ)

新大陸由来を偲ぶ黄色いトマト

　プルチネッラとは、白くダブついた衣装に黒い仮面をつけた道化。16世紀に始まったイタリアの伝統的即興喜劇コンメディア・デッラルテに登場する人気のキャラクターだ。プルチネッラの名がつくパスタ料理は、身近なもので簡単にできて、力が出て、何より美味しい。にんにく、アンチョビ、ケイパー、オリーブにミニトマトとマジョラムがアクセントに加わる。特別な材料は使わなくても、南イタリアの味がじんわりと染み渡ってくる。

　ちなみにナポリでは、パスタをフォークで食べるようになる以前は、ぬるい温度のパスタを手で直接つまんで食べていたとされる。「マンジャ・マッケローニ(マッケローニ食い)」と題した風俗画では、顔を上げ手でつまんだパスタを食べようとしているプルチネッラの親子の姿が描かれていることが多い。

材料(1人分)
リングイネ……80g
ミニトマト(黄)……8個
a ┌ EVO……20ml
　├ にんにく(つぶす)……2片
　└ 唐辛子(小)……1個
アンチョビ……2枚
塩漬けケイパー(塩は洗い落とす)……15g
黒オリーブ……13個
マジョラム(または生のオレガノ)、EVO……各適量

作り方
1　リングイネを茹で始める。
2　フライパンにaを入れ、弱火にかける。
3　にんにくから細かい泡が立ってきたら、アンチョビを加え、炒めながらつぶす。
4　にんにくを取り出し、ケイパー、黒オリーブを加える。
5　半分に切ったミニトマト、マジョラム1枝を加え、水70mlも加えて煮る。
6　茹で上がったリングイネを加え、煽り混ぜる。EVOを加え混ぜる。
7　皿に盛り、マジョラムの葉を散らす。

Uno spunto dallo chef

喜劇とプルチネッラが世に広まった時代は、トマトが新大陸から持ち込まれたタイミングと重なる。当時のトマトは、アンジュー家支配の影響も残るナポリならではのフランス語訛りで呼ばれた「ポモドーロ(黄金の林檎)」の名が示すように、黄色いものだった。この時代をイメージして、レシピでは加えるトマトを黄色のものにした。現在でもヴェスヴィオ近辺では昔ながらの黄色いトマトが栽培されている。

Linguine alla pulcinella con pomodorini gialli

トスカーナ州
スパゲッティのトスカーナ式カレッティエラ

◆スパゲッティ(乾麺・ロング) ◆茹で時間:約10分
◆ソースの系統:トマトソース ◆主材料:にんにく ◆仕上げ:イタリアンパセリ

にんにくの生の風味を生かす

　アッラ・カレッティエラ(御者風)と呼ばれるパスタは各地にあり、特にトスカーナ、ローマ、シチリアのトラットリアでその名前を目にすることが多い。ところ変われば品変わるということで、作り方は各地でもさまざまだが、トスカーナは唐辛子とにんにくのトマトソース、シチリアはにんにくと唐辛子とイタリアンパセリ、ローマではツナときのこを使うといった大まかな方向性はある。いずれにしても、簡単で美味しく、素早くエネルギー補給ができるのが大前提である。

　このトスカーナ式は「寒い冬、あるいは悪天候の時などでも御者が馬車を止め、短時間で簡単に活力を得られるように」と考案されたものとされ、やや酸味の強いトマトソースを使い、唐辛子のピリッとした辛さと、ほぼ生のにんにくの香りがポイントだ。使うパスタは断然スパゲッティが人気だが、素早く出せることを第一とする食堂ではペンネのようなショートパスタを茹で置いて使うことも多い。ソースはやや多めにし、茹で上がったパスタに味を染み込ませるようによく混ぜ合わせて盛り付ける。もし、ソースが皿に残ったら塩味のないトスカーナパンで拭って食べるといいだろう。

材料(1人分)
スパゲッティ……80g
a ┌EVO……20ml
　└唐辛子(小)……1個
トマトソース(P8)……140ml
にんにく(みじん切り)……2片
イタリアンパセリ(刻む)、塩……各適量

作り方
1　スパゲッティを茹で始める。
2　フライパンにaを入れ、弱火にかける。
3　唐辛子の香りが立ってきたら一旦火から下ろし、トマトソースを加え、再び火にかけて煮る。
4　にんにく、イタリアンパセリを加え、ひと煮立ちさせる。塩で調味する。
5　茹で上がったスパゲッティを加え、煽り混ぜる。
6　皿に盛り、イタリアンパセリを散らす。

長さ1〜1.5cmほどの小さな唐辛子。手やハサミで細かくちぎって使うことも多い。かなり辛いので好みで量は加減する。

Spaghetti alla carrettiera toscana

ラツィオ州

スパゲットーニのローマ式カレッティエラ

◆スパゲットーニ(乾麺・ロング) ◆茹で時間：約15分 ◆ソースの系統：トマトソース
◆主材料：ドライポルチーニ　ツナ　◆フィニッシュ：イタリアンパセリ

きのことツナで手早く旨く

　ローマ式カレッティエラは、馬に荷車(カレット)を引かせて大都市ローマに向かう、あるいはローマから地方へ向かう道中で、御者自身が腹を満たすため、持ち運びしやすいオイル漬けのツナやドライポルチーニ、そして乾燥パスタを使って、手早く作れる組み合わせとして考えられたといわれる。基本的にフレッシュな素材は使わず、保存食だけで作る間に合わせ料理だったが、のちにトマトソースが加わるようになり、味わいはよりリッチになった。

　シンプルだが、ツナの旨味、ドライポルチーニの滋味、そしてマッシュルームの歯ごたえが畳み掛けるように効いてくる一皿。ツナもきのこも"くず"ものではない姿形のよいものを、特にツナはイタリアでヴェントレスカと呼ばれるトロの部分のオイル漬けを選ぶとゴージャスな一皿となる。また、にんにくをオイルで煮る時、好みで唐辛子を加えてもいいし、使うパスタはスパゲッティやブカティーニでもいい。さらには、ツナやきのこを使わない、トスカーナ式に近いものをカレッティエラと呼ぶ人もいる。つまり、厳密な決まりごとはなく、作る側の好きにアレンジすることが許されるパスタなのである。

材料(1人分)
スパゲットーニ……70g
ドライポルチーニ……15g
a ┌EVO……20ml
　└にんにく(つぶす)……2片
マッシュルーム……2個
オイル漬けツナ……35g
トマトソース(P8)、塩、イタリアンパセリ(刻む)
　……各適量

作り方

1　ドライポルチーニはかぶるくらいの水に浸けて戻し、粗く刻む。戻し汁はとっておく。

2　スパゲットーニを茹で始める。フライパンにaを入れ、弱火にかけ、にんにくから細かい泡が立ってきたら1のポルチーニを加える。

3　やや厚めにスライスしたマッシュルームを加える。

4　ほぐしたオイル漬けツナも加える。

5　水、トマトソース各70ml、ポルチーニの戻し汁20mlを加えて煮る。

6　塩、トマトソース、水各少々を加え、さらに煮る。

7　茹で上がったスパゲットーニを加えて煽り混ぜ、イタリアンパセリ少々を加える。

8　皿に盛り、イタリアンパセリを散らす。

Spaghettoni alla carrettiera romana

シチリア州
フジッリのシチリア式カレッティエラ

◆フジッリ(乾麺・ショート) ◆茹で時間：約10分
◆ソースの系統：オイル ◆主材料：モッツァレッラ ◆フィニッシュ：バジリコ

サラダ代わりにも楽しめる

　一般的なシチリア式カレッティエラは、生のにんにく、オリーブオイル、唐辛子、イタリアンパセリ、ペコリーノあるいはパン粉を使って、ボウルの中で刻んだ材料と茹でたスパゲッティを和えるだけで、基本的に火にはかけない。夏の暑い時のランチや、サラダ代わりの一品としても楽しめる。1900年代にシチリア東部で、人や物を運搬する御者が持ち運びが容易い保存食を宿などに持ち込んで自炊する時に、道端の香草を加えて作ったのが始まりだという。

　トマトは使わないのが基本だが、バリエーションとしてトマトを使う場合は、湯むきして刻むか、ミニトマトを適宜切ってほかの素材と一緒に混ぜ合わせる。また、水煮トマトを使う場合は、にんにくと唐辛子をオリーブオイルで煮てから合わせる。　パスタはスパゲッティやブカティーニを使うことが多いが、好みのパスタに変えると見た目、食感の違いが楽しめる。

材料（1人分）
フジッリ……50g
にんにく……1/2片
a ┌ ミニトマト(1/2に切る)……7個
　│ モッツァレッラ(1.5cm角に切る)……50g
　│ ピスタチオ(生、粗く刻む)……5g
　│ 塩漬けケイパー(塩を洗い落とす)……10g
　└ EVO……10ml
塩、オレガノ(ドライ)、バジリコ……各適量

作り方
1　フジッリを茹で始める。
2　ボウルの内側全体ににんにくの切り口を擦り付ける。
3　2のボウルに、aを入れ、湯煎で軽く温める。
4　茹で上がったフジッリを加え、煽り混ぜ、塩、オレガノを加える。
5　皿に盛り、バジリコをあしらう。

Uno spunto dallo chef

これは伝統から変化を遂げた一例。シチリアのカターニアで修業したトラットリアで提供していた仕立てを再現してみた。にんにくはボウルに擦り付けて香りを移し、あとはほかの材料を半ばサラダのように和えるだけ。パスタの余熱で全体が均一な温度に仕上がる、いわゆるクルダイオーラと呼ばれる手法であるが、土地ごとに合わせる材料も変わってくる。使うパスタはショートが多かった。

Fusilli alla carrettiera siciliana

カンパーニア州

イワシの魚醬のスパゲッティ

◆スパゲッティ（乾麺・ロング）　◆茹で時間：約10分　◆ソースの系統：オイル
◆主材料：コラトゥーラ・ディ・アリーチ　◆フィニッシュ：イタリアンパセリ

加熱は最小限に留めて

　コラトゥーラ・ディ・アリーチとは、イワシの魚醬のこと。塩味のかなりしっかりした旨味調味料だ。作り方は樽の中に頭も内臓もそのままのイワシを敷き詰め、たっぷりの塩で覆い、さらにイワシ、塩、イワシ…と重ねていき、最後に樽に重しをして寝かせる。半年ほど経って、浸み出した汁を樽底から集めたものが、コラトゥーラ・ディ・アリーチである。その前身は、古代ローマ時代に使われていた調味料ガルム。ガルムはマグロの腹やサバ、はたまたウツボなど、イワシ以外の魚も混ぜて作っていたところが違うが、作り方はほぼ同じ。コラトゥーラ・ディ・アリーチは濾過しているので透き通っているが、ガルムはおそらくもっと濁った状態だっただろう。スプーン一杯仕上げに加えると料理は一気に南イタリアの味に。パスタのほか、オリーブオイルとにんにく、イタリアンパセリと混ぜ合わせ、炙ったパンにかけてブルスケッタにするのがポピュラーな使い方だ。

材料（1人分）
スパゲッティ……100g
a ┌EVO……20ml
　└にんにく（つぶす）……2片
コラトゥーラ・ディ・アリーチ……大さじ1
イタリアンパセリ（刻む）、EVO……各適量

作り方
1　スパゲッティを茹で始める。
2　フライパンにaを入れて弱火にかける。
3　にんにくから細かい泡が立ってきたら火を止め、コラトゥーラを加える。
4　水70mlを加え混ぜ、粗く刻んだイタリアンパセリも加える。
5　茹で上がったスパゲッティを加えて強火にかけ、煽り混ぜる。
6　仕上げにEVOをふりかけ、皿に盛り、イタリアンパセリを散らす。

コラトゥーラ・ディ・アリーチは濃い琥珀色。タイのナンプラーやベトナムのニョクマムに似た風味で、かなり塩辛い。

コラトゥーラ・ディ・アリーチの伝統的な製法を守っている産地チェターラ。鄙びた漁村だったが、最近はビーチリゾートにもなっている。

Spaghetti con la colatura di alici

カンパーニア州
ズッキーニのリングイネ

◆リングイネ(乾麺・ロング) ◆茹で時間:約12分 ◆ソースの系統:オイル
◆主材料:ズッキーニ ◆フィニッシュ:パルミジャーノ・レッジャーノ　ミント

ミントとチーズが好相性

　1950年代、ソレント半島の先端、マッサ・ルブレンセ市にある小さな町ネラーノの海岸にあるリストランテ「Maria Grazia」で、地元で豊富に取れるズッキーニを使って生み出されたのがこの料理。今やすっかり地域の名物として根付いている。お店によってはズッキーニをごく薄切りにして揚げ焼きし、こんがりと焦げ目をつけることもある。ズッキーニが出盛る夏は、好みでズッキーニの量を増やしてもいい。チーズは本来はプロヴォローネ・デル・モナコ(修道士のプロヴォローネ)と呼ばれるソレント半島原産のものを使うのだが、入手が難しいので、今はパルミジャーノ・レッジャーノで代用するのが一般的。いずれにしても、たっぷり使って乳化させ、ズッキーニとパスタの一体感を楽しんでほしい

材料(1人分)
リングイネ……70g
ズッキーニ……80g
EVO、ミント(またはバジリコ、生のオレガノ、マジョラムでも)、パルミジャーノ・レッジャーノ(すりおろす)、塩……各適量

作り方

1　ズッキーニは1cm厚さの輪切りにし、軽く塩をふってアクを抜く。出てきた水分は拭き取る。

2　リングイネを茹で始める。

3　フライパンにEVO30mlを入れて中火にかけ、1を揚げ焼きにする。

4　ズッキーニが軽く色づいたら火から下ろし、余分な油を捨て、水70ml、ミントを加えて再び火にかける。

5　茹で上がったリングイネ、茹で汁を適量加え、パルミジャーノ・レッジャーノをふたつかみ、EVO少々を加えて煽り混ぜ、全体を乳化させる。塩で調味する。

6　皿に盛り、パルミジャーノ・レッジャーノ、ミントの葉を散らす。

Uno spunto dallo chef

ここでは、入手しやすく、またすりおろして使いやすいパルミジャーノ・レッジャーノを使っているが、仕上げのチーズをプロヴォローネ・デル・モナコ(修道士のプロヴォローネ)を用いるとネラーノ風リングイネ(あるいはスパゲッティ)となる。シンプルながら、ズッキーニの甘みと芳ばしさがチーズの旨味と一体となって奥深い味わいを奏でる。そのためには、ズッキーニは決して焦がさないようにするのがポイントだろう。

Linguine con zucchine

ラツィオ州

チョチャーリア式スパゲッティ

◆スパゲッティ（乾麺・ロング）　◆茹で時間：約10分
◆ソースの系統：トマトソース　◆主材料：サルシッチャ　きのこ　◆フィニッシュ：ペコリーノ

きのことサルシッチャで山の風味

　ラツィオ州の南東部、現在のフロジノーネ県にあたる地域はアペニン山脈の真っ只中にある。峻険な山々が連なる同地は、厳しい戒律で知られるカトリックのベネディクト会派にとっては神聖な場所であり、修行の要地でもあった。この山深い土地に住む羊飼いや農夫達が、山の中を歩くために身につけていた羊の革製の独特のサンダルと羽織ものは「チョーチャ」と呼ばれ、そこから「チョーチャを身につけた人々の暮らす地方＝チョチャーリア」となったという。ちなみに、その地方に住む人は男性ならチョチャーロ、女性はチョチャーラと呼ばれる。

　この料理の由来は不明だが、一帯は牧羊や黒豚の飼育、豆や野菜の栽培が盛んで、豊かな森の恵み（＝きのこ）もあり、それらの組み合わせで出来上がった料理だと考えられる。サルシッチャときのこをしっかりと煮込んでコクを引き出すのが美味しさのコツ。仕上げのペコリーノもふんだんに使いたい。

材料（1人分）

スパゲッティ……80g
a ┌ EVO……20ml
　│ にんにく（つぶす）……1片
　└ 唐辛子（小）……1個
サルシッチャ（P11）……40g
マッシュルームとカルドンチェッロ（あわび茸）
　……合わせて30g
b ┌ トマトのパッサータ……20ml
　│ スーゴ・ディ・カルネ（フォン・ド・ヴォー）
　│ ……10g
　└ 玉ねぎのソフリット（P9）……10g
グリンピース……10g
塩、ペコリーノ（すりおろす）……各適量

作り方

1　フライパンにaを入れ、弱火にかける。

2　にんにくから細かい泡が立ってきたら、崩したサルシッチャを加える。

3　サルシッチャの色が変わったら、適当な大きさに切り分けたマッシュルームとカルドンチェッロを加える。

4　きのこに火が通ったら水70mlを加え、サルシッチャときのこの味がよく出てくるまで弱火～中火で煮る。

5　スパゲッティを茹で始める。

6　4にbを加え、全体に味がなじむまで煮る。

7　グリンピースを加え、塩で調味する。煮詰まりすぎているようであれば水を少々加えて調整する。

8　茹で上がったスパゲッティを加えて煽り混ぜ、ペコリーノを少々加えてさらに混ぜる。

9　皿に盛り、ペコリーノをふる。

Uno spunto dallo chef

かの大女優ソフィア・ローレン主演の1960年の映画「ラ・チョチャーラ（和訳 ふたりの女）」は第二次大戦中のローマとこの地方を舞台にした悲しい物語だ。

Spaghetti alla ciociara

シチリア州
イワシのマファルディーネ

◆マファルディーネ(乾麺・ロング) ◆茹で時間：約15分 ◆ソースの系統：オイル
◆主材料：イワシ　フェンネル ◆フィニッシュ：モッリーカ　フェンネル

野生のフェンネルとサフランの香り

　イワシのパスタは、シチリア州パレルモの代表的な伝統料理。野生のフェンネルとサフランのスパイシーな香り、レーズンの優しい甘み、松の実の香ばしさ、そこにほろほろと崩れるほどに柔らかいイワシが組み合わさった、どこかアラブを思わせる一皿だ。ある言い伝えによると、シチリアに上陸した軍隊の食事を作ることになったアラブ人料理人が、手元にあった食材と、野原に生えていた野生のフェンネルを使って、乏しいながらも満足できる一品に仕立てたという。野生のフェンネルはとても硬く、かなり時間をかけて茹でなければならないが、水煮缶詰が輸入されているので、それを利用すれば手間が省け、気軽に作ることができる。

　縁が波打った長麺のマファルディーネ（マファルデともいう）は、乾燥パスタが機械によって大量に作られるようになった時代に登場した、比較的新しいパスタ。マファルデという名前は、1902年に生まれたイタリア国王ヴィットリオ・エマヌエーレ3世の王女マファルダにちなみ（マファルデはマファルダの複数形）、王女が着ていたドレスのフリルをイメージして作られたとされている。別名、レジネッテ（小さな女王）。また、カラブリアではラザーニェ・リッチェ（縮れラザーニャ）、シチリアではリッチ・ディ・ドンナ（女性の巻き毛）と、この長麺を呼ぶこともある。

材料（4〜5人分）
マファルディーネ……200〜250g
イワシ（頭と骨を取り除く）……250g
赤ワインビネガー……少々
a ┌EVO……40ml
　│にんにく（つぶす）……2片
　└玉ねぎ（粗く刻む）……250g
フェンネル（水煮）……50g
松の実……10g
白ワイン……30ml
レーズン……20g
塩、サフランパウダー、モッリーカ（P18アンチョビとモッリーカのスパゲッティ参照）、フェンネルの葉……各適量

作り方

1　イワシは塩少々をふって約30分後、水洗いし、水分を拭き取って赤ワインビネガーをふる。約15分後、水洗いし、水分を拭き取る。レーズンは白ワインで戻す。

2　鍋にaを入れて弱火にかけてソテーする。

3　玉ねぎが透き通ってきたら、刻んだフェンネルを加える。

4　フェンネルが馴染んで香りが立ったら、1のイワシを加える。

5　松の実、レーズンを汁ごと加え、火を少し強め、水300ml、サフランパウダー、塩各少々を加え、煮る。別の鍋でマファルディーネを茹で始める。

6　ソースは約20分ほど煮て、汁気に適度な濃度がついたら完成。煮詰まりすぎるようであれば、パスタの茹で汁を加えて調整する。

7　6のソースに、茹で上がったマファルディーネを加えてよく混ぜる。

8　皿に盛り、モッリーカをふり、フェンネルの葉を添える。

Mafaldine con sarde

サルデーニャ州

からすみのリングイネ

◆リングイネ(乾麺・ロング) ◆茹で時間：約12分
◆ソースの系統：オイル ◆主材料：からすみ ◆フィニッシュ：からすみ

からすみは火を通さずに

　ボラのからすみは、サルデーニャ州とトスカーナ州の一部海岸部の伝統的な特産物。サルデーニャ州では太古の頃よりオリスターノ近郊のカブラスで作られてきた。からすみを意味するボッタルガという名は、紀元前のフェニキア人がもたらしたアラブ語で「塩漬けにした魚卵」という言葉が起源だという。現地では、薄切りにしてパーネ・カラサウ（ごく薄いせんべいのようなパン）にのせてEVオリーブオイルをかけたり、すりおろしてリコッタにふりかけて食べる。パスタに使う時は、茹で汁や余熱を生かして、からすみの生の風味を大切にしたい。また、北イタリアではオリーブオイルではなく無塩バターを使うこともあるが、バターの甘い香りとからすみの旨味が合わさって、また違った美味しさになる。

材料（1人分）
リングイネ……80g
a ┌ EVO……20ml
　└ にんにく（つぶす）……1片
からすみ（薄皮をむいてすりおろす）……10g
イタリアンパセリ（刻む）、塩、EVO、仕上げ用からすみ（薄皮をむいてすりおろす）……各適量

作り方
1　リングイネを茹で始める。
2　フライパンにaを入れ、弱火にかける。
3　にんにくから細かい泡が立ってきたら、火からおろし、水70mlを加える。
4　再び弱火にかけ、軽く沸騰している状態を保ちながら、イタリアンパセリ、塩を加える。
5　茹で上がったリングイネ、茹で汁70mlを加え、軽く煮る。
6　煮汁が乳化したら、火を止め、からすみを加える。
7　よく煽り混ぜ、仕上げにEVOをかける。
8　皿に盛り、仕上げ用からすみをふる。

Uno spunto dallo chef

　現地ではスパゲッティが一般的に多く、レストランなどではニョッケッティ（小さなニョッキ）が使われる場合もあるが、性質上ロングパスタの方が相性がよいだろう。ブロンズダイス（ブロンズ製の押し出しの金型）を用いて製造されたロングパスタを使うのは、煮汁が乳化しやすい特性を活かすため。ボッタルガへの加熱を極力抑えることができるので風味を損なわず、また、リングイネであればその特有の強い弾力による食感のよさも得られる。あまり細いスパゲッティーニなどは個人的には勧めない。

Linguine con bottarga di muggine

カラブリア州
ンドゥヤと赤玉ねぎのカザレッチェ

◆カザレッチェ（乾麺・ショート）　◆茹で時間：約12分
◆ソースの系統：トマトソース　◆主材料：ンドゥヤ　◆フィニッシュ：ペコリーノ

唐辛子入り生サラミを主役に

　カラブリアは唐辛子の一大産地。ンドゥヤは、脂肪をたっぷり加えた豚挽肉に特産の唐辛子を加えて練り、豚の盲腸に詰めて燻製にかけたもの。ピリッとした辛味とねっとりとした食感のサラミで、そのままパンに塗ってブルスケッタにしたり、また、ブッラータやモッツァレッラといったフレッシュなチーズとも相性がよく、パニーノの具やピッツァのトッピングにする。ンドゥヤはもともと、豚のくず肉や内臓を使い、腐敗を防ぐために大量の唐辛子を加えたのが始まり。フランスのアンドゥイユやピエモンテのサラム・ドゥラ・ドゥヤと語源が同じで、カラブリアがフランスの王家が統治するナポリ王国の一部であったがゆえ、あるいは、ナポレオン統治時代にフランス軍によってもたらされたともいわれている。

材料（1人分）

カザレッチェ……70g
a ┌ EVO……20ml
　└ にんにく（つぶす）……1片
赤玉ねぎ……40g
ンドゥヤ（唐辛子入り生タイプサラミ）……20g
トマトソース（P8）……70ml
塩、ペコリーノ（すりおろす）、EVO……各適量

作り方

1　カザレッチェを茹で始める。
2　フライパンにaを入れて弱火にかけ、にんにくから細かい泡が立ってきたらスライスした赤玉ねぎを加えてソテーする。
3　ンドゥヤを加えて溶かす。
4　ンドゥヤが完全に溶け、香りが立ってきたらトマトソース、水少々を加えて軽く煮る。
5　茹で上がったカザレッチェを加え、塩、ペコリーノ、EVOを加え、煽り混ぜる。
6　皿に盛り、ペコリーノをふる。

柔らかいペースト状のサラミ、ンドゥヤ。フレッシュタイプのチーズと相性がよいので、ピッツァのトッピングとしても人気がある。

カラブリア州産物のIGP（地理表示保護）に認定されているトロペア産赤玉ねぎ。

Casarecce con 'nduja e cipolla rossa

カンパーニア州
ラルドソースのズィーティ

◆ズィーティ(乾麺・ショート) ◆茹で時間：約15分
◆主材料：ラルド　くるみ ◆フィニッシュ：パルミジャーノ・レッジャーノ　ローズマリー

くるみとローズマリーの野趣

　ラルド(豚の背脂の塩漬け)は南イタリアでよく使われる食材。ナポリの下町では、炒めたラルドにトマトソースを加えただけで立派なパスタソースになる。塩味がしっかりしていること、少量で味に深みが出ること、何よりも安い食材だから、重宝するのだ。このラルドを使って自家製ペーストを作っておけば、パスタソースや肉料理のコク出しにも使える。好みでハーブを変えて、オリジナルラルドペーストに挑戦してみるのもいい。合わせるパスタはラルドの個性に負けない肉厚なショートパスタがおすすめだ。

　ズィーティ、もしくはズィーテとも呼ばれる穴あきパスタは、ブカティーニから派生し、より太く短くなったのがズィーティだといわれる。カンパーニア州でよく食べられるが、シチリアにも同名のパスタがあり、こちらはブカティーニを指す場合が多い。また、同地では結婚式の伝統的な宴席料理として、ソースとともに器に詰めてオーブンで焼くのに用いられたという。そのことと関係があるのかどうかわからないが、ズィテッラとは、独身女性を意味する。

材料(1人分)
ズィーティ……70g
ラルド・ペースト(*)……25g
a［くるみ(刻む)……10g
　　ローズマリー……少々
パルミジャーノ・レッジャーノ(すりおろす)、
　EVO、ローズマリー……各適量

作り方
1　ズィーティを茹で始める。
2　フライパンにラルド・ペーストを入れて弱火にかけ、溶かす。
3　aを加える。
4　水70〜100mlを加えて軽く煮る。
5　ローズマリーを取り出し、茹で上がったズィーティを加え、煽り混ぜる。
6　パルミジャーノ・レッジャーノひとつかみ、EVOを加えてさらに煽り混ぜる。
7　皿に盛り、パルミジャーノ・レッジャーノをふり、ローズマリーをあしらう。

*ラルド・ペースト
ラルド(豚の背脂の塩漬け)をフードプロセッサにかけて滑らかにし、つぶして刻んだにんにく、刻んだローズマリー、セージ、ローリエ、黒胡椒、塩を加えてペーストにしたもの(分量は好みで調節する)。加熱する場合、強火にかけると酸化臭が立つので、弱火で軽く泡立つ程度にとどめる。

Uno spunto dallo chef

トマトすら入らない簡易な仕立てのこのパスタは、ナポリからは遠く外れの山の中のレストランで働いていた時に教わったもの。食材も少ない冬、閉ざされた山の料理であったらしい。

Ziti lardiati

カンパーニア州
レモンクリームのジッリ

◆ジッリ(乾麺・ショート) ◆茹で時間:約15分
◆主材料:生クリーム レモンの皮 ◆フィニッシュ:パルミジャーノ・レッジャーノ レモンの皮

レモンの香気を楽しむ

　レモンの皮だけを使い、その香りを移した生クリームと牛乳に、パルミジャーノ・レッジャーノをたっぷり加えてこくを出したソースで和えたパスタ。ほのかな甘みと心地よい香気の、シンプルだが印象深い味わいだ。

　レモンは、北部のリグーリア州やガルダ湖畔を除いては、ほとんどが南部で栽培されている。アジア原産とされるこの植物は、ペルシア帝国、ギリシャといった東の国々からイタリアに持ち込まれた。一般的には、レモンなどの柑橘類は9世紀以降のシチリアにアラブより持ち込まれたといわれるが、これには異論もある。ソレント半島に程近いポンペイ遺跡から発掘された壁画にはレモンが描かれているものがあり、それはつまり、シチリアにアラブ文化が流入するずっと以前、古代ローマの頃からレモンはイタリアに存在していたことを示すからだ。

　レモンの栽培で有名なのはソレント半島。急斜面の段々畑にひしめくレモン畑の風景は圧巻だ。俗にアマルフィレモンとも呼ばれるが、現地では北のソレント産と南のアマルフィ産は品種が異なるといい、厳密に区別されている。いずれにしても、皮が肉厚で内側の白い部分もたっぷりしているのが特徴。そして、何よりも香りが素晴らしく、また、完熟すると酸味はまろやかになる。

材料(1人分)
ジッリ……70g
a [生クリーム、牛乳……各50ml
　　レモンの皮(ピーラーで削る)……2片]
レモンの皮(すりおろす)、塩、パルミジャーノ・レッジャーノ(すりおろす)……各適量

作り方
1　ジッリを茹で始める。
2　フライパンにaを入れて弱火にかけ、沸騰する直前まで温め、塩を加える。
3　茹で上がったジッリを加え、パルミジャーノ・レッジャーノをたっぷり加え、煽り混ぜ、レモンの皮を適量加え混ぜる。
4　皿に盛り、パルミジャーノ・レッジャーノ、レモンの皮をふる。

Uno spunto dallo chef

日本で普通に手に入るレモンを使っているので、現地のものとは若干香りが違うが、現地の雰囲気は存分に表現できていると思う。香りがのりやすい生クリームや牛乳を使い、2段階に渡ってレモンの皮の香りを移し、重たくなりがちなソースにしっかりと清涼感を持たせた。一般に売られている酸度の高いレモンの果汁は、好みで加えてもいいが、バランスを間違えると分離(乳の凝固)しやすくなるので、仕上げ直前に火を止めた状態で加減しながら加えるとよいだろう。また、乳製品は塩が効きやすいので、塩の加減も慎重に。

Gigli alla crema di limone

カンパーニア州

ズィーティのナポリ式ラグー・ジェノヴェーゼ

◆ズィーティ(乾麺・ショート) ◆茹で時間：約15分
◆ソースの系統：ラグー ◆主材料：豚肉　玉ねぎ ◆フィニッシュ：ペコリーノ　バジリコ

肉と玉ねぎの蒸し煮をソースに

　ナポリでジェノヴェーゼといえば、バジリコのペスト・ジェノヴェーゼではなく、肉と玉ねぎをじっくり蒸し煮したラグーのこと。飴色になった玉ねぎと崩れるほどに柔らかい肉がたまらなく美味な一皿だが、なぜジェノヴェーゼと呼ぶのかは謎で、ジェノヴァからの船が着く波止場にあった料理屋で作られるようになったからとか、ジェノヴァ人の料理人が作り始めたからだとか、ジュネーブ（イタリア語ではジネヴラ）からやってきた料理人がもたらしたとか、諸説紛々。ともかく、トマトを使わないことから、18世紀以前より作られてきたと考えられている。本来は牛すね肉など、塊の煮込み用の肉を使い、ソースをパスタに、肉はセコンド・ピアットとして供すものだったという。パスタは伝統的にズィーティ、またはさらに太くて長いカンデーレ（ろうそくという意味）を適宜折って用いる。

材料(1人分)
ズィーティ……60g
ラグー・ジェノヴェーゼ(＊)……100g
ミニトマト……3個
バジリコの葉……2枚
黒胡椒、ペコリーノ(すりおろす)、仕上げ用バジリコ……各適量

作り方
1　ズィーティを茹で始める。
2　フライパンにラグー・ジェノヴェーゼを入れて中火にかけ、半分に切ったミニトマト、バジリコ、黒胡椒を加えたら、弱火にする。茹で汁や水で水分を調整しながら、肉の芯が温まり、ミニトマトが煮崩れない程度に煮る。
3　茹で上がったズィーティを加え、水少々、ペコリーノ少々を加え煽り混ぜる。
4　皿に盛り、ペコリーノをふり、仕上げ用バジリコを添える。

＊ラグー・ジェノヴェーゼ

材料(作りやすい分量　約6人分)
豚肉(肩肉など煮込み用の部位)……350g
ラード……30g
玉ねぎ……1kg～1.4kg
塩、黒胡椒……各適量

作り方
1　豚肉をぶつ切りにし、たっぷりの塩と黒胡椒をまぶす。
2　鍋にラードを入れ、弱火にかけて溶かし、中火にして1の肉を加える。あまり動かさず、肉に焼き色をつける。
3　肉に焼き色がついたら、薄切りにした玉ねぎを加え、火を弱め、蓋をする。水は加えずに時々かき混ぜながらじっくりと2時間ほど火を通す。

Uno spunto dallo chef

ラグー・ジェノヴェーゼは、肉にあらかじめ多めの塩と黒胡椒を施しているので、途中での調味は基本的に不要。新玉ねぎは水分が多いので不向き。作ってから一晩寝かせると味が馴染んで一層美味しい。

Ziti al ragù genovese di maiale

プーリア州、バジリカータ州
ペンネのサン・ジョヴァンニ風

◆ペンネ(乾麺・ショート) ◆茹で時間：約15分
◆ソースの系統：トマトソース ◆主材料：生ハム ◆フィニッシュ：ペコリーノ　生のオレガノ

生ハムとトマトソースで

　生ハムとトマトソースで仕立てた、非常にシンプルな家庭料理のパスタ。ラードで生ハムを炒めてコクを出し、黒胡椒とオレガノでパンチを与えるのがポイントだ。
　「サン・ジョヴァンニ」の名で呼ばれる料理には、特にイタリア南部各地において色々なバリエーションがある。しかし、なぜそう呼ばれるのかは不明。キリスト教世界においては2人のジョヴァンニが存在するが、料理の名前に上がるのは「使徒ヨハネ」ではなく「サン・ジョヴァンニ・バッティスタ（洗礼者ヨハネ）」である。洗礼者ヨハネはイエスに洗礼を施し、導いた人物であり、イエス以外に唯一、生誕を祝う行事がある最重要聖人の一人だ。イエスの生誕は12月25日（イタリア語でナターレ）だが、これは実は本当の出生の日ではなく、当時使われていた暦の「冬至」に合わせてローマ教会がのちに執り決めたもの。洗礼者ヨハネはイエスよりも半年早くこの世に生まれたとされるので、ナターレから逆算した夏至の頃の6月24日が生誕日にあたり、イタリア各地では前夜の23日深夜から当日にかけて祝祭に沸く。そのご馳走とまではいかないにしても、夏本番に向けて、短時間で美味しくできてパワーがつくパスタ料理が生まれたと考えてもいいだろう。

材料(1人分)
ペンネ……60g
a ┌ラード……20g
　│にんにく（つぶす）……1片
　└唐辛子（小）……1個
生ハム……20g
トマトソース(P8)……90ml
黒胡椒、オレガノ（生）、ペコリーノ（すりおろす）
　……各適量

作り方
1　ペンネを茹で始める。
2　フライパンにaを入れ、弱火にかける。
3　ラードが溶けたら、一口大にちぎった生ハムを加える。
4　トマトソース、水70ml、黒胡椒、オレガノを加えて、生ハムの味がしっかり出てくるまで10分ほど煮る。
5　オレガノを取り出し、茹で上がったペンネを加え、ペコリーノをふたつかみほど加えて煽り混ぜる。
6　皿に盛り、ペコリーノをふり、オレガノを散らす。

Penne alla San Giovanniello

カラブリア州

ローザマリーナのカザレッチェ

◆カザレッチェ(乾麺・ショート) ◆茹で時間：約12分
◆ソースの系統：トマトソース ◆主材料：ローザマリーナ ◆フィニッシュ：イタリアンパセリ

シラスの唐辛子漬けを使って

　ローザマリーナは、またの名を"カラブリアのキャビア"とも"貧乏人のキャビア"ともいう、シラスの唐辛子漬け。シラスを海水で洗った後に塩をまぶして乾かし、粉末の唐辛子とともにつぶして熟成させたもの。魚醤のような旨味と、唐辛子の辛さがクセになる調味料だ。起源は古代ローマのガルム（魚醤）で、16世紀に新大陸からスペイン経由で持ち込まれた唐辛子と出会って完成したという。現在は原料となるシラスの漁は厳しく制限されており、昔ほど盛んに作られてはいない。伝統的な食べ方はあぶったパンにバターまたはオリーブオイルとともに載せたり、パスタなどの料理に調味料として使われる。

　カラブリアでは、イオニア海沿岸の特にクルコリで作られるものをローザマリーナ、ティレニア海沿岸やコゼンツァ沿岸地方で作られるものをサルデッラと呼び、区別している。

材料（1人分）
カザレッチェ……70g
ローザマリーナ……20g
ミニトマト……8個
トマトのパッサータ……30ml
EVO、イタリアンパセリ（刻む）……各適量

作り方

1　カザレッチェを茹で始める。
2　フライパンにEVOを少量入れ、弱火にかけ、ローザマリーナを加えて、焦がさないように溶かす。
3　半分に切ったミニトマトを加える。
4　水70〜100ml、トマトのパッサータを加え、軽く煮る。イタリアンパセリを少々加える。
5　茹で上がったカザレッチェを加えて軽く煮て、仕上がり際にEVOをひと回しかける。
6　皿に盛り、イタリアンパセリを散らす。

自家製ローザマリーナの作り方

シラウオ（またはシラス）を水洗いしてぬめりをとり、重量の4割程度の塩、唐辛子パウダー（甘いタイプ3、辛いタイプ7の割合、分量は好みで）を加えて4〜5ヶ月以上漬け込む。市販品ではオイルやフェンネルシードが入っているものもある。

Casarecce con rosamarina

カンパーニア州、シチリア州
カリフラワーのフジッリ・コルティ

◆フジッリ・コルティ(乾麺・ショート) ◆茹で時間：約10分
◆ソースの系統：トマトソース ◆主材料：カリフラワー ◆フィニッシュ：ペコリーノ

カリフラワーは煮崩れるほどに柔らかく

　カリフラワーを主役にするのは、南イタリアの定番。この料理では、煮崩れるほどじっくり火を通して、ほろほろとした食感に仕立てるのがポイント。余分な脂を取り除いたパンチェッタが旨味を、生クリームがまろやかさを与え、満足度の高い一品に仕上がる。イタリアではカリフラワーは馴染み深い野菜。パスタにはもちろん、ベシャメルソースと一緒にグラタン風にしたり、クリームスープに仕立てたりと便利な素材。シチリアでは巨大なカリフラワーが山と積まれて売られているところを目にするが、安くて美味しい庶民の味方である。歴史は古く、イタリア語名のカーヴォルフィオーレは、ラテン語で「キャベツ、茎」と「花」を意味する言葉の合成語であることから、古代ローマ時代には存在したと考えられている。

Uno spunto dallo chef

カリフラワーを使った典型的な家庭料理の一つ。コツとしてはカリフラワーを下茹でせずにフライパンの中でそのまま煮込み、淡白な旨味や香りを直接ソースになじませること。カリフラワーのその独特の優しいほっこりした食感と香りがソースとなってパスタと絡み、簡単にできる料理であるが、その味わいは実に奥深い。

材料（1人分）

フジッリ・コルティ……70g
パンチェッタ……30g
カリフラワー……40g
トマトソース(P8)……30ml
生クリーム……20ml
EVO、塩、ペコリーノ(すりおろす)……各適量

作り方

1 フライパンにEVOを少量入れ、拍子木切りにしたパンチェッタを加えて弱火にかけ、パンチェッタがカリカリになるまで火を通す。

2 余分な油を捨て、小房に分けたカリフラワー、水70mlを加える。

3 トマトソースを加える。

4 フジッリ・コルティを茹で始める。

5 3のトマトソースが馴染んだら生クリーム、水少々を加え、蓋をしてカリフラワーに火を通す。カリフラワーが柔らかくなったらフォークでつぶし、塩で調味する。

6 茹で上がったフジッリ・コルティ、水少々を加え、煽り混ぜる。全体に味がなじんで色もオレンジ色を帯び、汁気に軽く濃度がついたら、ペコリーノをひとつかみ加え混ぜる。

7 皿に盛り、ペコリーノをふる。

Fusilli corti con cavolfiore

シチリア州

リガトーニのノルマ風

◆リガトーニ(乾麺・ショート) ◆茹で時間：約13分
◆ソースの系統：トマトソース ◆主材料：なす ◆フィニッシュ：リコッタ・サラータ　バジリコ

揚げなすとリコッタ・サラータで

　ノルマ風パスタはシチリア州カターニアの名物パスタ。こんがりと揚げたなすの甘みと旨味が、トマトソースと相まって、なんとも言えぬハーモニーを醸し出す。そこにピリッと塩辛いチーズ、リコッタ・サラータが加わるといかにもシチリア、素材の力強さが一皿の中で弾け出す。

　名前の由来は、「まるでノルマのように（素晴らしい）」というフレーズから。ノルマとは、カターニアが生んだ早逝の音楽家ヴィンチェンツォ・ベッリーニのオペラのこと。20世紀初め、カターニアの詩人で劇作家のニーノ・マルトッリオなる人物が、招かれた宴席で揚げたなすを添えたトマトソースのパスタを食べたところ「これこそノルマだ」と称賛したことから、素晴らしいものへの賛辞にも使われるようになったという。

　ノルマ風パスタのカターニア名物としての地位は不動のもので、街のトラットリアなどでは見かけないことがないといっても過言ではない。現地で使うのは丸々と太った米なすで、水分が少なくアクも強いが、揚げたりオーブンで焼くと身がとろけるように柔らかくなって実に旨い。素材の持ち味が出来を左右する典型的な一品だ。

材料（1人分）

リガトーニ……60g
なす……80g
トマトソース（P8）……140ml
a ┌ バジリコの葉……2枚
　├ オレガノ（ドライ）……ひとつまみ
　└ 塩……適量
揚げ油、リコッタ・サラータ（すりおろす）、バジリコ……各適量

作り方

1　輪切りにしたなすをこんがりと色よく素揚げし、油を切っておく。
2　リガトーニを茹で始める。
3　フライパンにトマトソースを入れて中火にかけて温め、1のなす、aを加える。（A）
4　パスタの茹で汁少々を加えて軽く煮詰める。
5　なすを取り出し、茹で上がったリガトーニを加えて煽り混ぜる。
6　皿に盛り、なすをのせ、リコッタ・サラータをかけてバジリコをあしらう。

A

Rigatoni alla Norma

ラツィオ州

メッツェマニケの牛テール・スーゴ

◆メッツェマニケ(乾麺・ショート) ◆茹で時間：約15分 ◆ソースの系統：肉のスーゴ
◆主材料：牛テール ◆フィニッシュ：ペコリーノ　パルミジャーノ・レッジャーノ

肉とパスタを共に堪能する

　ローマで牛テールの煮込みといえば、クイント・クアルト（正肉を切り出した後の残り、モツ）の王様。「コーダ・アッラ・ヴァッチナーラ」と呼ばれ、本来は肉をセコンド・ピアットとし、その前にスーゴ（煮込み汁）でパスタを食べるものだ。家庭での作り方は大きく分けて二通りあり、一つはこのレシピのように牛テールを焼き付けてから煮込む方法と、もう一つは、香味野菜と共に茹でてブロードを取ってからあらためて煮込む方法。前者の方が肉の旨味が逃げず、焼いた香ばしさがスーゴに移って美味しい。香味野菜を使う時はセロリを多めにすると出来上がりはよりスパイシーになる。

牛テール・スーゴの作り方

材料（作りやすい分量　約10〜12人分）
牛テール……2本
基本のソフリット(P9)……600g
白ワイン、赤ワイン……各300ml
a ┌ トマトソース(P8、濾す)……210ml
　└ ローリエ（生）……5枚
塩、黒胡椒、クローブパウダー、EVO、小麦粉……各適量

作り方

1. 牛テールは関節ごとに切り分け、塩、黒胡椒をたっぷりと、クローブパウダーを控えめにふりかけてまぶし、一晩馴染ませる。
2. 鉄のフライパンを熱し、EVOをひき、小麦粉をうっすらまぶした1の牛テールを入れる。脂の多いところから焼き始め、余分な脂を落としていく。
3. 全体にこんがりと焼き色がついたら煮込み鍋に移し、ソフリットを加え、強火にかける。
4. ワインを加え、水をかぶるくらいに加え、さらにaも加える。
5. 沸騰したらアクは軽く、脂は完全に取り除き、弱火にする。脂が取りにくい場合は水を適量加えて浮かせて取る。肉が骨から離れるくらいになるまで2〜3時間煮込む。

仕上げ

材料（1人分）
メッツェマニケ……60g
a ┌ 牛テール・スーゴの煮汁……140ml
　├ トマトソース(P8)……大さじ2
　└ クローブパウダー……適量
ほぐした牛テール……50g
ペコリーノ、パルミジャーノ・レッジャーノ（ともにすりおろす）、EVO……各適量

作り方

1. メッツェマニケを茹で始める。
2. フライパンにaを入れて中火で温める。汁気が足りないようであれば、水少々を加えて調整する。
3. ほぐした牛テールも加えて煮る。温めて味をなじませる感覚でよい。汁気は程よく、濃度もあり、テリもある状態が理想。
4. 茹で上がったメッツェマニケを加え、軽く煮込む。
5. ペコリーノ、パルミジャーノ・レッジャーノを同量ずつ加え、EVOを加え混ぜる。
6. 皿に盛り、ペコリーノ、パルミジャーノ・レッジャーノをふる。

Mezzemaniche al sugo di coda di bue

Uno spunto dallo chef

肉を煮込む時は、下味をつけて一晩寝かせること。塩が肉の中に浸透していないと、煮込んだ時に塩が外に流れ出てしまう。下味の調味料を肉にかけたら、ボウルをふって肉を煽り、全体に満遍なく調味料が行き渡るようにする。

パスタにはこのスーゴを使い、肉はセコンド・ピアットとして供す場合、煮上がる直前に取り出す。炒めたセロリ、ココアパウダー、松の実、レーズンを加えて軽く煮、肉を戻して馴染ませると、ローマ式のコーダ・アッラ・ヴァッチナーラとなる。

シチリア州
フジッリのエオリア式ソース

◆フジッリ(乾麺・ショート)　◆茹で時間：約10分
◆主材料：生のオレガノ　バジリコ　ケイパー　◆フィニッシュ：アンチョビ　ミント

香草とケイパーを効かせた夏の味

　この一皿は、シチリアの北東の海に浮かぶエオリエ諸島の料理。エオリア式ソースと呼ばれるものにはさまざまあるが、共通点はケイパー。ケイパーは古くからエオリエ諸島、中でもサリーナ島の重要な農産物で、独特の香りがなんともエキゾチックな花の蕾だ。ケイパーの産地としては同じシチリアのパンテッレリア島も有名だが、エオリエ諸島のケイパーは粒の大きさが5mm程度から1cm程度までさまざまあり、小粒は身のしまった若い蕾、大粒は花が開花する寸前で柔らかく、香りも強い。一般的に販売されているものは塩漬けになっているので、塩を洗い落として水に浸け、塩抜きしてから使う。塩抜き加減は料理や好みによって調整する。塩抜き後、水気をよく絞り、オリーブオイル漬けにしておけば、料理にも使いやすい。日持ちはしないので大量に漬けず、二、三日で使い切ること。

　エオリエ諸島でそのほかよく使われる素材は、バジリコ、オレガノ、オリーブ、アンチョビ。そこにアーモンドなどのナッツが加わることも多い。このエオリア式ソースは、肉や魚を使わない料理にも十分なコクを与え、パスタのほか、茹でたじゃがいもやトマトにもよく合う。

材料(1人分)
フジッリ……60g
a ┌ 松の実……10g
　└ にんにく……ごく少量
b ┌ アンチョビ……1枚
　│ オレガノ(生)の葉……10枚ぐらい
　│ バジリコの葉……4〜5枚
　│ セージの葉……3枚
　│ タイム……1枝
　└ マジョラム、ミント……各適量
緑オリーブ……4個
塩漬けケイパー(塩を洗い落とす)……10g
アンチョビ、ミント……各適量

作り方
1　フジッリを茹で始める。
2　石のモルタイオ(すり鉢)にaを入れ、よくすりつぶす。(A)
3　bも少しずつ加えてすりつぶす。
4　ボウルに種を除いて1/2に切った緑オリーブ、ケイパー、3を混ぜ合わせ、パスタの茹で汁70mlを加え、よく混ぜる。
5　茹で上がったフジッリを加え混ぜる。
6　皿に盛り、アンチョビを添え、ミントの葉を散らす。

A

ケイパーの花。朝開いて夕方にはしぼんでしまう。蕾のほか、開花した後の雌しべも塩漬けにする。

Fusilli alla eoliana

カラブリア州
ミッレコセッデ

- ◆パスタ・ミスタ・コルタ(乾麺・ショート) ◆茹で時間:約10分
- ◆ソースの系統:ミネストラ ◆主材料:豆いろいろ ◆フィニッシュ:ペコリーノ

いろいろ豆とパスタのミネストラ

　カラブリアの北部コゼンツァ周辺地域の伝統的なミネストラ。ミッレコセッデ=ごちゃ混ぜの意味そのままに山で栽培するさまざまな豆や野菜を一緒に煮込む。特徴はドライポルチーニを使うこと。この地域は有数のきのこの産地で、その中でもポルチーニを乾燥させたものは冬の間の貴重な食材として重宝されてきた。生のポルチーニやほかのきのこももちろん使われるが、このミネストラの魅力はやはりドライポルチーニの独特の風味にある。

　南イタリア全般でよく使われるパスタ・ミスタはその名の通り、さまざまな形のパスタを混ぜたもの。スパゲッティなどの長いパスタも折れて短くなったものが混ざっているため、パスタ・ミスタ・コルタ(短い)と呼ぶこともある。現在では、各メーカーがパスタ・ミスタとして袋や箱詰めにして販売しているが、その昔は、家庭で残ったパスタをまとめて使ったり、食料品店が量り売りで残ったものを集めてパスタ・ミスタにして売っていた。豆やじゃがいもなど煮込んで味の出る食材と合わせ、くたくたになるまで煮たパスタ・ミスタはまるでおじやのようで、じんわりと体を温めてくれる。

材料(1人分)
パスタ・ミスタ・コルタ……50g
マッシュルーム……40g
下準備した豆(＊)……150g
ドライポルチーニ(水に浸けて戻す)……40g
キャベツ(ちりめんキャベツもでよい)……60g
トマトソース(P8)……30ml
EVO、塩、ペコリーノ(すりおろす)……各適量

作り方

1. フライパンにEVO少々をひき、1/4～1/6に切ったマッシュルームを弱火でソテーする。
2. 鍋に下準備した豆、戻したポルチーニ、ポルチーニの戻し汁80ml、1のマッシュルームを加え、煮る。
3. ざく切りにしたキャベツ、トマトソースを加え、蓋をして煮る。キャベツが柔らかくなり、全体に味が馴染んだら塩で調味する。
4. パスタ・ミスタ・コルタを茹で、7、8割がた茹で上がったら引き揚げて3に加え、味を煮含める。
5. 煮上がり際にペコリーノひとつかみ、EVOをたっぷり加え混ぜる。
6. 器に盛り、ペコリーノをふる。

＊豆の下準備
そら豆(皮付き)、白いんげん(大粒と普通サイズ)、ひよこ豆、グラスピー(ひよこ豆に似た小粒の豆)、スペルト小麦など、あわせて500gを3倍の水に一晩浸ける。翌日、基本のソフリット(P9) 200gを加えて柔らかくなるまで煮る。塩で味を調える。

スパゲッティやマファルディーネ、ズィーティなどいろいろなパスタが混ざったパスタ・ミスタ・コルタ。

Millecosedde

トレンティーノ・アルト・アディジェ州、フリウリ・ヴェネツィア・ジューリア州、ヴェネト州

スパゲットーニのグーラッシュスッペ

◆スパゲットーニ(乾麺・ロング) ◆茹で時間：約15分
◆ソースの系統：ミネストラ ◆主材料：牛すね肉 ◆フィニッシュ：グラナ・パダーノ

パプリカの風味が東欧を思わせる

　ハンガリーの農民、特に牧畜を生業とする人々が野外で鍋を火にかけ、牛肉を野菜や香辛料と煮込んだ伝統料理のグーラッシュ。肉と野菜のシチューのような料理をイタリアでは一般的にスペッツァッティーノ（ぶつ切り肉の煮込み）と呼ぶが、グーラッシュがスペッツァッティーノと異なる点は使っている香辛料、パプリカにある。16世紀に新大陸から伝わったパプリカは、当時オスマン帝国に支配されていたハンガリーに根付いた。そして、パプリカを使うグーラッシュは、ハンガリーと二重帝国を築いたオーストリアとつながりの深いフリウリ・ヴェネツィア・ジューリア州や南チロル地方、ヴェネト州に伝わり定着した。牛すね肉を柔らかく煮込み、パプリカ、シナモン、しょうがなどスパイスを効かせたこのミネストラ、パンで食べてもいいが、パスタを加えれば、スープの旨味を存分に味わうピアット・ウニコ（一皿にプリモ・ピアットとセコンド・ピアットを盛り込むこと）になる。

Uno spunto dallo chef

地域的にはじゃがいもや、大麦、小麦の粒を加えることもあるが、このようにパスタを食べやすい大きさにして煮込むのも美味しい食べ方だろう。

グーラッシュの作り方

材料（作りやすい分量　約6〜8人分）

牛すね肉……500g
ブーケガルニ（ローズマリー、セージ、タイム、ローリエ各適量）
a ┌ 基本のソフリット(P9)……200g
　│ トマトのパッサータ……200ml
　│ 赤ワイン……150ml
　│ パプリカパウダー……10g
　└ シナモン、ジンジャーパウダー、クローブ、ナツメグ……各少々
塩、胡椒、ひまわり油……各適量

作り方

1. 牛すね肉を2cm角に刻み、塩、胡椒をする。
2. 鍋にひまわり油を熱し、1をブーケガルニとともによく炒める。
3. aとかぶるくらいの水を加え肉と野菜から味が出るまでじっくり弱〜中火で1時間くらい煮込む。

仕上げ

材料（1人分）

スパゲットーニ……25g
グーラッシュ……200g
グラナ・パダーノ（すりおろす）……適量

作り方

1. スパゲットーニを長さ5cmほどに折って茹でる。
2. 小鍋でグーラッシュを沸かし、1のスパゲットーニが完全に茹で上がる前に加え煮込む。
3. 肉のゼラチン質とパスタからの澱粉質で軽く濃度がついてきたら、グラナ・パダーノをひとつかみ加え混ぜる。
4. 器に盛り、グラナ・パダーノをふる。

Gulaschsuppe con spaghettoni

ロンバルディア州

メッツェマニケのブゼッカ

◆メッツェマニケ(乾麺・ショート) ◆茹で時間：約15分
◆ソースの系統：ミネストラ ◆主材料：牛モツ ◆フィニッシュ：パルミジャーノ・レッジャーノ

トリッパのミネストラをアレンジ

ブゼッカは、ロンバルディア州の伝統料理で、仔牛または牛の胃袋を香味野菜とともに煮込み、好みでじゃがいもやいんげん豆を加えた一皿。別名ミラノ風トリッパのスープ。近郊のヴァレーゼ地方の農家の冬の料理としても知られ、ブゼッカという呼び名は、ロンバルディアとピエモンテの境に当たるヴァレーゼ地方に残るゲルマン語族系の方言で"腹身"や"モツ"の意味を持つ言葉が語源という説がある。何度も茹でこぼしたモツには臭みは全くなく、ほっくりした白いんげん豆とよく合う。パスタは少し時間をかけて柔らかく仕上げると全体のバランスがよくなる。

ブゼッカの作り方

材料(作りやすい分量　約10〜12人分)
トリッパ、ギアラ……各1kg
a ┌ にんじん……1/2本
　├ 玉ねぎ(半分に切る)……1個
　├ 白ワイン……300ml
　├ ブーケガルニ(ローリエ、タイム、セージ、ローズマリー、イタリアンパセリ)
　├ 白粒胡椒、コリアンダー粒……各約10粒
　├ シナモンスティック……いんげん豆大のかけら1個
　├ クローブ……1個
　└ レモン……1/2個
基本のソフリット(P9)……300g
塩……適量

作り方

1　トリッパとギアラは2、3度茹でこぼす。

2　鍋に1とaを入れ、被るくらいまでの水を加え、軽く塩をして弱火でトリッパに適度な弾力が残る程度まで3時間ほど茹でる。

3　トリッパとギアラを取り出し、茹で汁を漉す。

4　別の鍋でソフリット、食べやすい大きさにカットしたトリッパとギアラ、濾した茹で汁と水を2：1くらいで合わせ、トリッパが簡単に噛み切れるくらい柔らかくなるまで煮込む。

仕上げ

材料(1人分)
メッツェマニケ……30g
ブゼッカ……200g
a ┌ 茹で白いんげん豆(P92参照)……60g
　└ セージの葉……2〜3枚
塩、黒胡椒、パルミジャーノ・レッジャーノ(すりおろす)、EVO……各適量

作り方

1　メッツェマニケを茹で始める。

2　ブゼッカを小鍋に入れ、aを加えて、中火にかける。

2　ブゼッカが軽く沸騰したら、茹で上がったメッツェマニケを加えてなじませ、塩で調味し、黒胡椒、パルミジャーノ・レッジャーノひとつかみを加えて混ぜる。

3　器に盛り、EVOをかけ、パルミジャーノ・レッジャーノをふる。

Uno spunto dallo chef

食べる時にはたっぷりとパルミジャーノをかける。伝統的にはパンを添えるが、パスタを加えてピアット・ウニコ的に仕立てた。

Mezzemaniche con busecca

ピエモンテ州

ピエモンテ式ルマーケのパスタ・ミスタスープ

◆パスタ・ミスタ・コルタ(乾麺・ショート) ◆茹で時間:約10分
◆ソースの系統:ミネストラ ◆主材料:ルマーケ ◆フィニッシュ:パルミジャーノ・レッジャーノ

伝統食材カタツムリのミネストラ

噛み締めるとじんわり広がる旨味と独特の食感のカタツムリを、苦味のあるケールと一緒に煮込み、じゃがいもとパスタを加えたボリュームある一品だ。カタツムリは毒抜きと掃除の手間のかかる非常に面倒な食材だが、ピエモンテ州ではリゾットやパスタのソースにも用いる伝統的食材である。クーネオ県のボルゴ・サン・ダルマッツォでは、中世の頃より修道士が薬草でカタツムリを養殖していた歴史があり、毎年12月に開催されるカタツムリの見本市は500年近くも続く名物イベント。その期間中は、食用のいろいろな種類のカタツムリを購入できるほか、町のレストランでは伝統のカタツムリ料理が楽しめる。

ルマーケの煮込みの作り方

材料(作りやすい分量 約6人分)

ルマーケ(カタツムリ、日本で入手可能な殻むきの水煮タイプ)……500g
a ┌ にんにく(みじん切り)……1/2片
  │ アンチョビ……3枚
  │ ローズマリー、セージ、マジョラム、タイム……各1枝
  │ ローリエ……1枚
  └ ミントの葉……数枚
白ワイン……100ml
EVO……適量

作り方

1 ルマーケを2度茹でこぼす。
2 鍋にEVOをひき、aを加え、中火で炒める。
3 香りが出たら1を加え、白ワイン、かぶるくらいの水を注ぐ。
4 中火で煮ながらアクを取り、弱火に落として1時間ほど、ルマーケのコリッとした食感が柔らかくなるまで煮る(パンの切れ端を浮かべてアクを吸着させてもよい)。

仕上げ

材料(1人分)

パスタ・ミスタ・コルタ……25g
ルマーケの煮込みの煮汁……100ml
ルマーケ(煮込んだ身)……70g
a ┌ じゃがいも(角切り)……30g
  └ 基本のブロード(P11)……適量
ケール(またはエンダイブやイタリア野菜のビエトラ、チコーリア、スカローラ)……20g
白ワイン、塩、パルミジャーノ・レッジャーノ(すりおろす)、EVO……各適量

作り方

1 鍋にルマーケの身と煮汁を入れ、火にかける。
2 沸いたら白ワインを10mlほど加えひと煮立ちさせる。
3 aを加え、沸騰したらざく切りにしたケール、水をひたひたに加え、ケールの筋が柔らかくなるまで煮る。別の鍋でパスタ・ミスタ・コルタも茹で始める。
4 3のスープに塩を加える。煮詰まりすぎたら、パスタの茹で汁を少々加える。
5 茹で上がったパスタ・ミスタ・コルタを加えて煮る。
6 パスタに十分味が染み込んだら火からおろし、パルミジャーノ・レッジャーノをふたつかみ加え混ぜる。
7 器に盛り、パルミジャーノ・レッジャーノをふり、EVOをかける。

Uno spunto dallo chef

この一皿は現地の土地柄を存分に表現したもの。パスタを加え食べ応えのあるスープ仕立てとした。

Pasta mista corta con zuppa di lumache alla piemontese

カンパーニア州

じゃがいものカラマレッティ

◆カラマレッティ(乾麺・ショート) ◆茹で時間：約15分 ◆ソースの系統：オイル
◆主材料：パンチェッタ　じゃがいも ◆フィニッシュ：ペコリーノ　バジリコ

煮込んだじゃがいもの滋味

　安くて満足感も得られる庶民の味方、じゃがいもとパンチェッタ。これをパスタと一緒に煮込んで仕上げる、ナポリの伝統的な家庭料理である。パンチェッタの旨味とじゃがいものとろみがパスタに絡み、どこか懐かしい、優しい美味しさだ。本来は地味で色味に乏しい料理だが、グリンピースを加えるだけでぐっと華やかになり、豆の香りや甘みもアクセントになる。

　カラマレッティは、カラマリ(ヤリイカ)の輪切りに似た形であることから名付けられた乾燥パスタ。別名、カラマラータ。ナポリの南、乾燥パスタの工場が集中していたグラニャーノで作られたのが始まり。大きめの穴がソースを取り込み、食べ応えがあるパスタで、トマトソースや野菜、魚介との相性がよい。アルデンテにこだわらず、少々柔らかめに仕上げるとソースや具材と馴染み、このパスタの本当の美味しさが味わえる。

材料(1人分)

カラマレッティ……40g
パンチェッタ……40g
じゃがいも……40g
グリンピース……15g
EVO、バジリコの葉、黒胡椒、ペコリーノ(すりおろす)……各適量

作り方

1　カラマレッティを茹で始める。
2　フライパンにEVOをひき、拍子木切りにしたパンチェッタを入れて弱火にかけ、出てきた余分な脂を捨てる。
3　じゃがいもは皮をむき、縦に半分に切ってから厚さ7mmほどの半月形に切って加え、ソテーする。
3　水70mlを加え、軽く煮て、グリンピース、バジリコの葉2枚を加える。
4　茹で上がったカラマレッティを加えて煽り混ぜ、仕上がり際に黒胡椒をふる。
5　皿に盛り、ペコリーノをふり、バジリコの葉をちぎって散らす。

Uno spunto dallo chef

パンチェッタの代わりに仔牛やうさぎ、鶏肉、あるいはイカなどで作ることもある。現地では実に庶民的な料理である。

Calamaretti con patate

イタリアの乾燥パスタ事情

硬質小麦の今

　8000年以上昔からイタリアでは小麦が栽培されていたといわれる。温暖で湿度の低い地中海性気候でよく育つ硬質小麦が栽培の中心だった。気の遠くなるほど昔から変わらずに行われていた小麦栽培に変化が訪れたのは20世紀初頭。病気や災害に強く、収量の高い品種が開発された。さらに第二次世界大戦後、食糧不足を補い経済成長を支えるため、品種改良は加速。同時に古来の品種は駆逐されていった。

　世界の硬質小麦の生産量は、全穀物の6%。1位はカナダで年間600万トン、2位がイタリアで400万トン。しかし、イタリア産の硬質小麦は国内で作られるパスタの50〜60％を賄うに止まり、残りは輸入に頼っている。

　イタリアの法律では、乾燥パスタに用いる硬質小麦はたんぱく質を10.5%以上含んでいなければならない。パスタにとってたんぱく質の中でも重要なのが、たんぱく質全体の8割を占めるグリアジンとグルテニン。この二つが水と合体してグルテンとなり、成形のしやすさとしなやかさをもたらし、茹でた時にでんぷんが溶け出すのを防ぐ。昔に比べ、高い収量を得られる現代品種を使った栽培法では、植物が十分にたんぱく質を生成する前に成長してしまうため、たんぱく質含有量は減少しているという。

　農家にとってよい麦とは「丈夫で多収穫、扱いやすい」、製粉業者にとっては「よりたくさんの粉が取れる」、パスタメーカーにとっては「パスタ製造に適したたんぱく質、灰分、グルテン、色などを持ち、目指す製品が的確にできる」。こうした複雑な、ともすれば消費者が置いてけぼりになっている業界の現状に異議を唱える声が、消費者、メーカーの双方から出始めている。

進化するアルティジャナーレ

　スローフード運動が活発化した'90年代になると少量生産だが質の高い製品が注目を集めるようになった。パスタの世界にも、パスタ・アルティジャナーレ（手作りと訳すことも多いが、少量生産品と呼ぶ方が実情に適っている）と呼ばれるものが増えた。そのほとんどはブロンズダイスを使って生地を押し出した、ザラザラした表面になるのが特徴である。また乾燥工程も、インダストリアルなパスタは100℃近くの高温で短時間に処理するが、アルティジャナーレは栄養価と風味食感を優先するため40〜60℃で時間をかけて行う。こうして、茹で時間は少々長いが、ソースとの絡みがよく、味の吸収力の高いパスタが出来上がる。

　21世紀以降は、有機栽培の原料や全粒粉、さらにイタリア古来の品種の麦を使った製品など、より健康的で美味しいパスタへの関心が強くなっている。こうしたニーズに応えているのが、アルティジャナーレのメーカーの中でも、自社畑や契約畑で栽培された小麦だけを使っているメーカーだ。彼らは自らの製品をパスタ・アグリーコラ（農業パスタ）と呼び、有機栽培を行う傍ら、昔からその土地で栽培されてきた古代品種を復活させ、さらに古代品種同士を掛け合わせて丈夫で病害虫にも強い新品種の開発も研究している。重要なのは遺伝子操作ではなく、植物が進化する工程とほぼ同じ手順を踏んで交配を行っていること。この方法では時間がかかるが、急激な変化がどんな悪影響を及ぼすかわからないのだから、なるべく自然に沿う方法を選ぶのだという。こうした古代品種、古代品種の改良種の小麦で作られたパスタの生産量はまだ限られているが、小麦の自然な風味と適度な弾力性は評判で、ガストロ

ノミー（美食学）を追求する最先端のレストランを中心に人気が高まり、一般消費も少しずつ拡大している。

　もう一つ、イタリアのパスタ業界に大きな影響を与えているのが、グルテンアレルギーだ。アレルギーのため食生活が制限される人が増加していることもあり、パスタの一人当たりの消費量は低下している（4人に一人はパスタの摂取を制限、600万人がグルテンフリー食品を利用しているというデータもある）。グルテンアレルギーの人が国民の1割前後いるとされるイタリアでは、グルテンフリーのパスタの流通は急激に増えている。しかし、素材からグルテンを除いた場合、生地のしなやかさが著しく低下する。それを補うために摩擦抵抗の低いテフロンダイスを使って押し出し、高温で乾燥させるので、熱による小麦の変質は避けられない。また、硬質小麦以外の穀物粉（豆粉、米粉など）を原料とする、現行の法律ではパスタという名称を名乗れないものも増えている。パスタがイタリア人の食生活の基本にあるという前提が揺らぎかねない状況の中、メーカーはさまざまなニーズに応じて、新しいパスタの開発を模索している。

地域性、祝祭の料理、始末料理。
奥深い手打ちパスタの世界

手打ちパスタ
Pasta Fresca

　イタリアにいったい幾つの手打ちパスタが存在しているだろうか。土地ごとにいろいろな手打ちパスタがあり、それぞれにはもちろん名前がついている。ところが、土地が変わると同じ名前でも作り方が同じとは限らない。違う名前なのに似たような作り方のものもある。おまけに方言の名前がついたものもあって混乱に拍車をかける。というわけで、手打ちパスタが何種類あるのかを突き止めるのは相当困難である。ただ、分類していくと、手打ちパスタの大まかな地域性を挙げることはできる。北イタリアでは主に軟質小麦の粉を使い、水または卵を加えた生地を使うことが多い。エミリア・ロマーニャ州のタリアテッレ、ピエモンテ州のタヤリンなどのロングパスタは特に有名だ。また、トルテッリやラヴィオリのような詰め物パスタも北イタリアでよく見られる。一方、中部以南、特に南イタリアでは、粉は軟質小麦だけでなく硬質小麦の細挽き粉も使う。オレッキエッテ、カヴァテッリといったショートパスタや、編み棒を芯に巻くマッケローニやブジアーテなど道具使いが独特なパスタもある。北イタリアのパスタはどちらかというと繊細で滑らかな舌触りを楽しむものが多く、南イタリアのパスタはより歯ごたえのある力強い食感が特徴といえるだろう。

　手打ちパスタには、結婚式やキリスト教の祝祭などの行事食として作られるものもある。特に手の込んだ美しい形に仕立てたパスタはまさに食卓の華。しかし、技術を受け継ぐ人が減り、あまりお目にかかれない希少なものになりつつもある。また、手打ちパスタには始末料理の一面もある。小麦粉だけでなくそば、栗、豆、雑穀の粉を混ぜて作ることはもちろん、残ったパン生地、残ったポレンタに粉などを加えてパスタ生地に仕立てるのは、農家ではごく当たり前のことだった。野菜やほんの少しの塩漬け肉で作るミネストラに残ったパスタを加えて煮込むのは、食材を無駄にせず、乏しいながらも美味しく食べようという生活の知恵である。ハレの日も、日々の食卓にも欠くことのなかった手打ちパスタ、その世界は広く、実に奥深い。

本書に登場する手打ちパスタ

ストラシナーテ
カンパーニア州ほか南部
もっともベーシックな手打ちショートパスタ。生地を親指で引きずるように押す。

カヴァテッリ
プーリア州ほか南部
ベーシックな手打ちショートパスタの一つ。短い紐状の生地を指先で押して溝をつける。

オレッキエッテ
プーリア州
ストラシナーテのアレンジ。親指で引きずるように押し、でこぼこの面を山形に出す。

トゥリア
プーリア州
短冊に切ったパスタ。茹でたものと揚げたもの両方を使い、豆のミネストラと合わせる。

ニョッキ
イタリア全般
じゃがいもをつぶし、小麦粉を混ぜた生地を一口大にカット。ごく柔らかな食感。筋模様をつけることもある。

ガルガネッリ
エミリア・ロマーニャ州
卵入りの生地を専用の道具上で転がして筒状に丸めながら筋をつけたショートパスタ。

クレスペッレ
アブルッツォ州
クレスペッレとはクレープのこと。薄焼き生地を食べやすい形に切って使う。

トロフィエ
リグーリア州
ヘーゼルナッツ大の生地を手と台の間でこすり、ねじれをつけたショートパスタ。

マッケローニ
南部全般
短い紐状の生地を金串や竹ひごに巻きつけて作る、穴あきのショートパスタ。

コルツェッティ
リグーリア州
卵入りの生地を少量とり、両手の親指で8の字形にしてねじったショートパスタ。

クロセッティ
リグーリア州
コルツェッティの進化形。模様を彫った専用の木型を使った薄いメダル状のパスタ。

テスタローリ
トスカーナ州
専用の鍋を使って蒸し焼きにした薄いパンケーキ状の生地。カットし、茹でて使う。

ピッツォッケリ
ロンバルディア州
そば粉で作るイタリアアルプス山間部の伝統パスタ。煮込んだりオーブン焼きにする。

フレーゴラ
サルデーニャ州
セモリナ粉に水を吹き付けながら煽って、粉同士をくっつけていく粒状パスタ。

ロリギッタス
サルデーニャ州
紐状のパスタを二重の輪にしてねじる。本来は年に一度だけ作る祝祭のパスタ。

本書に登場する手打ちパスタ

マッロレッドゥス
サルデーニャ州
籠に押し付けて筋をつけたショートパスタ。ニョッケッティ・サルディとも呼ぶ。

パッサテッリ
エミリア・ロマーニャ州、マルケ州など
パン粉を使った生地に専用の道具を押し当てて紐状にしたパスタ。ブロードで食べる。

ピサレイ
エミリア・ロマーニャ州
パッサテッリと同じ生地で作るショートパスタ。豆のミネストラで煮込むのが伝統。

ピッツィコッティ
ラツィオ州
残ったパン生地に粉を足して練り、指でつまんでちぎる。もっちりとした食感。

パスタ・ラーザ
エミリア・ロマーニャ州ほかイタリア全土
パッサテッリと同じパン粉で作る生地の粉の分量を増やして練り、チーズおろしでおろす。

クレスク・タイェ
マルケ州
残ったポレンタに粉を足して作った生地を延ばし、好みの形にカットして使う。

シュペツレ
トレンティーノ・アルト・アディジェ州
ペースト状の緩い生地を専用の道具を通して熱湯に流し込む。南ドイツから伝播。

カネーデルリ
トレンティーノ・アルト・アディジェ州
パン粉を使った生地にハムなどの具を混ぜ、団子状に丸める。別名パンのニョッキ。

ラヴィオリ
イタリア全土
リコッタなどの具材を薄く延ばした生地にのせ、さらに生地をかぶせて型で抜く。

チャルソンス
フリウリ・ヴェネツィア・ジューリア州
東欧の影響を感じさせる甘く味付けた具を包み、縁をねじって閉じた詰め物パスタ。

クルルジョネス
サルデーニャ州
丸く抜いた生地にじゃがいもとリコッタの具をのせ、閉じ目を編み込んだ詰め物パスタ。

アニョロッティ・デル・プリン
ピエモンテ州
いろいろな肉を具材にした小粒な詰め物パスタ。プリンとはつねるという意味。

トルテッリ・ピアチェンティーニ
エミリア・ロマーニャ州
平行四辺形の生地でリコッタなどの具材を包み、閉じ目を編み込んだピアチェンツァ伝統の詰め物パスタ。

カッペッラッチ
エミリア・ロマーニャ州
帽子を模った詰め物パスタ。かぼちゃを具材にしたものはロンバルディア州にも。

タリアテッレ
エミリア・ロマーニャ州
卵と軟質小麦粉で作ったごく薄い生地を幅8mmほどの帯状にカットしたロングパスタ。

パッパルデッレ
トスカーナ州ほか中部
生地を薄く延ばし、幅1cmほどの帯状にカット。ギザ刃のカッターを使うことも。

ストランゴッツィ
ウンブリア州ほか中部
棒状にした生地を転がしながら左右に延ばしていく手延べうどんタイプのパスタ。

マッケロンチーニ・ディ・カンポフィローネ／タヤリン
マルケ州／ピエモンテ州
卵たっぷりの生地を薄く延ばして極細にカットしたロングパスタ。卵黄のみで作ることも。

マナータ
バジリカータ州
生地の塊に穴をあけ、その穴を広げて大きな輪にし、束ねてしごいてさらに細く延ばす。

トロッコリ
プーリア州、アブルッツォ州ほか
細かい溝のついためん棒を生地に押し当てて筋をつけ、その筋に沿って手で裂いたパスタ。

ブジアーテ
シチリア州
編み棒や針金を芯に紐状の生地を巻きつけた螺旋状のパスタ。シチリア西部の伝統。

ストロッツァプレーティ
マルケ州
台に置いた帯状の生地に両手を乗せ、片手は手前にもう一方の手は奥に動かしてねじる。

キターラ
アブルッツォ州
キターラとはギターのこと。針金を張った木枠に生地をのせて押し切る。断面が四角い。

ビーゴリ
ヴェネト州
トルキオと呼ばれる真鍮製の押し出し機で作るロングパスタ。かなり弾力がある。

粉の話

手打ちパスタに使われるのは主に、小麦粉（軟質小麦の粉）とセモリナ粉（硬質小麦の粉）。小麦粉は精製度によって分類される。00、0、1、2、全粒粉（インテグラーレ）の5段階で、00が最も精製度が高く、糖質の比率も高く、灰分（ミネラル）が少ない。水分を加えて練ると延びやすくなり、収縮性も低いので菓子や、卵を使う手打ちパスタによく使われる。パスタに使う硬質小麦の粉は、セーモラ・リマチナータと呼ばれる、セモリナ粉をさらに細かく挽いたもの。カロチンを含むので黄味がかった色である。軟質小麦に比べてグルテンを多く含み、水分の吸収率が高く、弾力性があり、収縮性が高いので、パンに使われることが多い。また、イタリアでは乾燥パスタは100％硬質小麦粉製である。手打ちパスタの場合、小麦粉、セモリナ粉以外では、スペルト小麦の粉、そば粉、栗の粉、とうもろこし粉などを使うこともあるが、小麦粉と混ぜて使うことが多い。

硬質小麦のセモリナ粉。パスタにはセーモラ・リマチナータと呼ばれる細挽き粉を使うことが多い。

軟質小麦の粉、いわゆる小麦粉。包装にわかりやすく精製度の数字が書かれているのが一般的。

小麦以外の粉の一例。右上から時計回りに、とうもろこし粉、そば粉、栗の粉、グラノ・アルソ（焦がし麦の粉）。

Le Preparazioni degli impasti

基本の白いパスタ生地

　基本となる、粉と水と塩の白いパスタ生地。イタリアの水の硬度に近づけるため、水ににがりを加えて硬度を上げる。市販の硬度の高いミネラルウォーターで普通の水を割って使用してもよい。こうすることで生地がしまる感覚を得られ、硬水化させていない水で練った生地よりも茹でた時の表面の溶け出しが少なくなり、ミネラル分がもたらすいい意味での雑味を感じ、味に奥行きが出る。パスタを茹でる湯ににがりを足すのも有効な手段だが、水の量に対して加える量が大きくなってしまうので、生地自体を硬水化させた水で練り、茹で湯にはイタリアのミネラル分の高い海塩を加え、バランスを取るのがよいだろう。

　一度に全部練り上げず、何度かに分けて練ることでコシのある生地に仕上がる。一度に練り上げようとすると水分量を増やす必要があり、水分が多い生地はコシがなく、つるっとした柔らかな食感になる。練る時は、体全体、特に腰を使って体重をかける。ほかのパスタ生地にも共通するが、練る時に空気が入ると休ませている間に発酵してしまうので、空気が入らないように（気泡ができないように）注意する。休ませるときに霧吹きで水をかけるが、これは水分を与えるのではなく、表面が乾かないようにするため。同じ理由で、布をかけるのではなく、ラップやビニール袋を使って乾燥を防ぎながら休ませる。

　パスタを延ばして切る時は、ナイフを押したり引いたりせず、台に刃を押し当てるように垂直に下ろして切る。セルクルで抜いたり、余分を切り落としたあとの残りの生地は、2番生地としてまとめる。作業中に飛んでしまった水分を霧吹きなどでしっかり補填してから練り直し、再び一晩寝かせてグルテンを落ち着かせてからショートパスタなど形を変えて使用する。同じ形にする場合でも1番生地で成形したものとは一緒にせず、別々に加熱仕上げする。

材料（作りやすい分量　出来上がり総量750g）
小麦粉タイプ00……500g
水……230ml
にがり（水に加えて溶かしておく）……10g
塩……10g

にがりを加えておいた水に塩を加え、溶かす。

ボウルに入れた小麦粉へ、一気に1の水を加える。

ダマにならないよう、ゴムベラでボウル肌についた粉をこそげながら、粉に水が行き渡るように混ぜる。

4 ある程度混ざったら、手で揉みほぐすようにして、全体がしっとりとしたそぼろ状になるように混ぜる。時折、生地でボウル肌をこそげて粉を取り込んでいく。

5 そぼろ状だった生地がだんだんまとまってきたら、手首を使って全体を押しながらさらにまとめる。

6 ほぼひとかたまりになったら片手で手前から奥へと体重をかけながら押し、二つ折りにして90度回転させて再び押す、を繰り返す。

7 生地がまとまり、ボウルに粉が残らず綺麗になったら、木の台に移す。

8 手首の付け根を使い、手前から奥へと体重をかけながら押し、二つ折りにして90度回転させて再び押す、を繰り返して練る。

9 練り上がり。生地表面はデコボコしている。

10 霧吹きで軽く全体に水を吹きかけ、ラップで覆い、30分ほど休ませる。

11 休ませた生地を8と同様に再び練る。練ったら、霧を吹き、ラップで覆って休ませる。これを後2回ほど繰り返す（合計4回に分けて練ることになる）。

12 練り上がった、なめらかで均一な生地。

セモリナ粉のパスタ生地

材料（作りやすい分量 出来上がり総量730g）
セモリナ粉……500g
水……220ml前後
塩……10g

セーモラ・リマチナータ（粒の細かい二度挽きのセモリナ粉）を使用。

1 ボウルにセモリナ粉を入れ、塩を溶かした水を加え、手早くゴムベラ、あるいは手でダマにならないように混ぜる。

2 手でほぐすようにしてそぼろ状になるまで混ぜ、全体によく水を行き渡らせる。

3 手のひら（手首のあたり）に体重をかけて生地を押しながらまとめ、ビニール袋などに入れて乾かないように休ませる（30分くらい）。

4 木の台で、手のひらに体重をかけながら生地を中に折り込んでいくイメージでよく練り、ビニール袋に戻して休ませる。これを数回行い生地がしっかり吸水し、艶が出るまで練る。

Le Preparazioni degli impasti

卵入りパスタ生地

　タリアテッレなどのロングパスタや詰め物パスタなど、主に北イタリアで使われる生地。生地を延ばしてカットした状態で調理する場合はここに紹介する分量で、詰め物パスタに用いる時は、粉を足すか、卵を減らしてやや硬めの生地に仕上げる。あまりに硬くてまとまらないようなら卵液を少し補充するが、生地は休ませると柔らかくなるので、加える量は少なめに。粉に卵液を加えたら、ゴムベラ、そしてスケッパーを使うと、手を汚さずにムラなく混ぜることができる。1度目の練り上がりはやや硬いが、休ませると生地は柔らかくなる。

　目指すパスタを作るべく薄く延ばした直後は縮みが出るため、10分ほど休ませてグルテンを落ち着かせる。特に詰め物タイプは、延ばした直後のカットは大きさも厚さも変わってしまうので必ず休ませる。セルクルで抜いたり、余分を切り落としたあとの残りは、基本の白いパスタ生地同様に2番生地として再利用する。ラザーニャのようなオーブン焼き用に、また、マルタリアーティのようなショートパスタにしたり、揚げてお菓子にすることもできる。

材料（作りやすい分量　出来上がり総量780g）
小麦粉タイプ00……500g
卵……5個
塩……10g

1 卵に塩を加え、すぐに混ぜる（時間が経つと塩がダマになる）。

2 ボウルに小麦粉を入れ、中央をくぼませる。

3 くぼみによく溶きほぐした1の卵液を注ぎ、ゴムベラで混ぜる。

4 全体に卵液が行き渡り、しっとりとしたそぼろ状になるまで混ぜる。

5 ゴムベラをスケッパーに替え、切るように混ぜる。

6 ほぼ均一に混ざったら、手を生地に押し付けるようにしてまとめていく。手に生地がついたら、スケッパーで落とす。

ボウル肌を生地で拭うようにして粉を吸着させ、ボウル肌についた生地はスケッパーでこそげ、生地に合わせてまとめる。

基本の白いパスタ生地と同じ要領で、手首の付け根を使い、手前から奥へと体重をかけて練り、二つ折りにして90度回転させては練る、を繰り返す。

全体がまとまったら木の台に移し、さらに同様にして練る。

1度目の練り上がり。指で押すとすぐ戻るくらいに弾力が強い。まだ成形できない状態。

全体に霧を吹き、ラップで覆い、30分休ませる。休ませたあと、再び同様にして練る。

2度目の練り上がり。再び霧を吹いてラップで覆い、30分休ませる。この作業をあと2回繰り返すと完成。

手打ちパスタの保存

手打ちパスタは作ってから日数が経つと、生地の熟成や香りが増すといったメリットもあるが、水和が進み、グルテンが軟化することで生地がヘタリ、場合によっては色がくすんだり斑点が出てくることもあるので、やはり、作った翌日には使い切るようにしたい。

どうしても保存したい場合は、冷蔵ではなく冷凍する。冷蔵するためには、生地そのものの加水率や粉の配合を調整したり、生地同士の接着を防ぐために多めに打ち粉をするなどの手間がかかるからだ。本書で紹介するほとんどの手打ちパスタは冷凍可能。ただし、冷凍してもなるべく早く消費すること。

[冷凍する場合の注意事項]

・生地の水分が奪われ、乾燥しやすくなるため、きちんと密閉すること。

・生地は匂いを吸着しやすいので、庫内にほかの食材の匂いが残っていないか、確認すること。

・霜も大敵。何かの拍子に霜が溶けると生地中に入り込み、再び温度が下がると岩の風化と同じような現象が起こり、乾燥やひび割れ、生地同士の接着の原因となる。

・長期冷凍保存は冷凍焼けの原因となるので定期的に生地の状態を確認する。

・卵入りの生地は、粉の風味が抜けた後も卵の匂いは残りやすく、長期保存した生地は茹でると卵臭くなる場合があるので、なるべく早く使い切る。

カンパーニア州と南部
ストラシナーテのサルシッチャとフリアリエッリのソース

◆ストラシナーテ(生麺・ショート／セモリナ粉生地) ◆茹で時間：約12分 ◆ソースの系統：オイル
◆主材料：サルシッチャ　フリアリエッリ ◆フィニッシュ：ペコリーノ

葉野菜の微かな苦味がポイント

　ストラシナーテとは、ストラシナーレ(やっとの思いで引きずる)という言葉が変化したもの。硬く締まった生地を台にこすりつけるようにして凹みとザラザラとした面を作り出す、南イタリアの代表的な手打ちショートパスタの総称。呼び名も、また、作り方も土地や家庭ごとに異なり、バリエーションは幅広い。プーリア州のオレッキエッテや、南イタリア全般で見られるカヴァテッリもストラシナーテの一種である。この一皿は、噛み締めるとシコッとした弾むような歯ごたえがあり、くぼんだところにサルシッチャの旨味、フリアリエッリのほろ苦さが染み込んで、食べるほどによくできたパスタだなと思わせてくれる。フリアリエッリはアブラナ科の葉野菜で、チーマ・ディ・ラーパとも呼ばれ、オリーブオイルをたっぷり使って柔らかく蒸し煮するだけでも美味しい。

ストラシナーテの作り方

材料(作りやすい分量)
セモリナ粉……500g
水……220ml前後
塩……10g

1　セモリナ粉のパスタ生地(P85)を作る。
2　生地を棒状に切り出し、台上で両手を使って生地を転がして直径1.5cmほどの棒状にし、端から長さ1.5cmくらいに切る。
3　親指を生地に当て、奥へと押し出す。(A)
4　指で押した部分がザラザラになればOK。

A

バリエーション。ナイフを押し当て、手前に引く、または奥へと押し込む。

ソースと仕上げ

材料(1人分)
ストラシナーテ……60g
a ┌EVO……20ml
　├にんにく(つぶす)……1片
　└唐辛子(小)……1個
サルシッチャ(P11)……60g
フリアリエッリ(水煮)……60g
ペコリーノ(すりおろす)……適量

1　ストラシナーテを茹で始める。
2　フライパンにaを入れ、弱火にかける。
3　にんにくから細かい泡が立ってきたら、ちぎったサルシッチャを加える。
4　サルシッチャの色が変わったら、刻んだフリアリエッリを加え、水を70ml～100mlほど加えて煮る。
5　茹で上がったストラシナーテを加え、軽く煮る。
6　仕上がり際にペコリーノをふたつかみほど入れて煽り混ぜ、皿に盛り、ペコリーノをふる。

Strascinate con salsiccia e friarielli

南部全般

カヴァテッリのズッキーニソース

◆カヴァテッリ(生麺・ショート／セモリナ粉生地) ◆茹で時間：約12分
◆主材料：ズッキーニ ◆フィニッシュ：生のオレガノ　ペコリーノ

蒸したズッキーニをつぶしてソースに

ストラシナーテ(P88)の一種であるカヴァテッリは、プーリアをはじめ南イタリア全般で作られる最もシンプルな手打ちショートパスタである。野菜と合わせることが多く、ここでは柔らかく蒸しあげたズッキーニと自家製のセミドライミニトマトを味の主役に。ひと手間かけて凝縮させた野菜の旨味を楽しむ家庭料理だ。

カヴァテッリの作り方

材料(作りやすい分量)
セモリナ粉……500g
水……220ml前後
塩……10g

1 セモリナ粉のパスタ生地(P85)を作る。
2 生地を適当に切り出し、両手を使って台上で転がしながら直径7～8mmほどの紐状に延ばす。
3 端から4cm長さに切る。(A)
4 人差し指、中指、薬指を真上から押し当てて生地と指を密着させる。(B)
5 3本の指を手前に引っ張って、生地をくるっと回転させる。指先の溝がしっかりつき、くるりと巻き込んで入ればOK。(C)
ただ押し当てただけでは生地が内側に巻き込まれず、ソースが絡まない。(D)

A

B

C

D

ソースと仕上げ

材料(1人分)
カヴァテッリ……50g
ズッキーニ……80g
セミドライミニトマト(＊)……4個分
塩、ペコリーノ(すりおろす)、オレガノ(生)
　……各適量

1 ズッキーニは串で何箇所か刺して穴を開け、塩をふり、厚手の鍋に入れて弱火でじっくりと1時間ほど蒸す。
2 カヴァテッリを茹で始める。
3 1のズッキーニをフライパンに入れ、フォークで崩す。
4 セミドライミニトマト、水70mlを加え、弱火にかける。
5 茹で上がったカヴァテッリを加え、軽く煮立たせながら和え、全体になじんだら火を止め、ペコリーノをひとつかみ加え混ぜる。
6 皿に盛り、オレガノを散らし、ペコリーノをふる。

＊セミドライミニトマト
ミニトマトを半分に切り、塩、ドライオレガノ各適量をふって、90～100℃のコンベクションオーブンで風を当てながら2時間加熱する。夏場は天日干しする。

Cavatelli con zucchine

Uno spunto dallo chef

パスタ自体の性質として、合わせるソースへの適応力は、ある意味なんでもござれの万能なものだと思うが、この一皿は南部の農村らしい地味深さが特徴。ストゥファートという、野菜自身が持つ水分のみで蒸し焼いていく古典的な手法により、シンプルだが実に味わい深いものになる。イタリアの大地の豊かさと先人の知恵を大いに感じる仕立てだと思う。

プーリア州
ムール貝と白いんげん豆のカヴァテッリ

◆カヴァテッリ（生麺・ショート／セモリナ粉生地）◆茹で時間：約12分
◆ソースの系統：ミネストラ ◆主材料：白いんげん豆 ◆フィニッシュ：セロリの葉

豆とパスタのミネストラ、ターラント風

　プーリア州の南の港町ターラントでは、パスタやミネストラにムール貝がよく使われる。貝特有の旨味がパスタや米、豆やじゃがいもなどに染みて、淡白なのに後を引く美味しさだ。今回合わせたカヴァテッリは親指を使って白いんげん豆と同じくらいの大きさにする。とろとろの豆のピュレとムール貝のスープがこのパスタ料理の味の決め手。

カヴァテッリの作り方

材料（作りやすい分量）

セモリナ粉……500g
水……220ml前後
塩……10g

1. セモリナ粉のパスタ生地（P85）を作る。
2. 生地を適当に切り出し、両手を使って台上で転がしながら直径7〜8mmほどの紐状に延ばす。
3. 1.5cm長さに切り、親指を真上から押し当て、奥へと押し込む。

ミネストラと仕上げ

材料（1人分）

カヴァテッリ……30g
a 茹で白いんげん豆、白いんげん豆のピュレ（*）……各100g
ムール貝……5個
ミニトマト……5個
セロリの葉（粗みじん切り）……少々
EVO……30ml
塩、仕上げ用EVO、セロリの葉（みじん切り）……各適量

1. 鍋にaを入れて弱火にかけ、沸騰したらムール貝を加える。カヴァテッリを茹で始める。
2. 切れ目を入れたミニトマトをつぶしながら加える。
3. ムール貝を取り出して粗みじんに切ったセロリの葉を加えて軽く煮る。ムール貝はヒゲを取り除いておく。
4. 塩で調味し、茹で上がったカヴァテッリを加え、EVOも加え混ぜる。
5. 器に盛り、ムール貝をのせ、仕上げ用EVOをまわしかけ、セロリの葉を散らす。

*茹で白いんげん豆とピュレの作り方
白いんげん豆250gを、水750mlに一晩浸け、にんにく1片、セージ、ローズマリー各1枝、ローリエ1枚、塩適量を加えて柔らかくなるまで茹でる。豆の半量はミキサーにかけてピュレにする。

Uno spunto dallo chef

この一皿は、プーリアでの修業中に出会ったものをベースにしている。プーリアは南北に海岸線も長く、場所によってはアサリ、エビ、タコ、イカなどを加える場合もあり、また、白いんげん豆のほか、ひよこ豆もよく使われる。

Cavatelli e fagioli con cozze

プーリア州
グラノ・アルソのオレッキエッテ

◆オレッキエッテ（生麺・ショート／セモリナ粉＋グラノ・アルソ生地） ◆茹で時間：約15分
◆ソースの系統：オイル ◆主材料：カルドンチェッロ ◆フィニッシュ：ルーコラ　カチョリコッタ

焦がし小麦粉の生地で作る

　オレッキエッテ（小さな耳の意味）は、ストラシナーテ（P88）の一つで、プーリア州を代表するパスタ。大きめの豆粒大のパスタ生地に親指を押し当てて巻きつけるようにしてくぼみをつける形でお馴染み。チーマ・ディ・ラーパと一緒に茹でたり、トマトソースで和えるのが王道だが、ここではカルドンチェッロ（あわび茸）を合わせた。さっとソテーしたきのことミニトマトとルーコラでまとめ、カチョリコッタの塩味でアクセントをプラスしている。グラノ・アルソは焦がした麦を挽いた粉。その昔、貧しい小作人が焼畑に残った麦粒をかき集めてパンやパスタにしていた。昨今は伝統回帰の風潮もあり、グラノ・アルソの素朴な焦げ風味に注目が集まっている。

オレッキエッテの作り方

材料（作りやすい分量）
細挽きセモリナ粉……350g
グラノ・アルソ……150g
水……250ml
塩……10g

1　セモリナ粉のパスタ生地（P85）を参照して生地を作る。
2　直径1.5cm程度の棒状にして、端から2cm長さに切る。
3　親指の腹を生地の上から押し当て、親指を向こう側へと押す。(A)
4　人差し指などに載せてデコボコの面が表になるように返す。(B)

ソースと仕上げ

材料（1人分）
オレッキエッテ……80g
a ［EVO……20ml
　　にんにく（つぶす）……1片
カルドンチェッロ（あわび茸）……30g
ミニトマト……9個
ルーコラ……15g
ペコリーノ（すりおろす）……10g
塩、EVO、仕上げ用ルーコラ（刻む）、カチョリコッタ（またはリコッタ・サラータ）……各適量

1　オレッキエッテを茹で始める。
2　フライパンにaを入れ、弱火にかける。
3　にんにくから細かい泡が立ってきたら、ざく切りにしたカルドンチェッロを加え、軽く塩をふりながらソテーする。
4　全体が馴染んだら、半分に切ったミニトマト、ざく切りにしたルーコラの茎の部分を加え、パスタの茹で汁少々も加える。
5　茹で上がったオレッキエッテを加え、ペコリーノ、EVO、ルーコラの葉の部分を加え、さっと混ぜる。塩で味を調える。
6　皿に盛り、仕上げ用ルーコラを散らし、粗くすりおろしたカチョリコッタをふる。

A

B

Uno spunto dallo chef

昔ながらに焦がしたタイプのグラノ・アルソを使うと焙煎した粉とはまた違った風味がある。

Orecchiette di grano arso con cardoncelli

プーリア州
チチェリ・エ・トゥリア

◆トゥリア(生麺・ショート/セモリナ粉生地)　◆茹で時間:約10分
◆ソースの系統:ミネストラ　◆主材料:ひよこ豆　◆フィニッシュ:ペコリーノ　ローズマリー

"揚げ"と"茹で"のパスタをひと皿に

　チチェリはひよこ豆、トゥリアはパスタのこと。ひよこ豆を柔らかく茹で、半分はそのまま、半分はペースト状にしてぽってりとしたポタージュにし、茹でたパスタと揚げたパスタを合わせるプーリア州伝統の料理。揚げたパスタを添えるというのは珍しく、サクサクした食感と香ばしさがアクセントになっている。歴史は古く、一説によるとキリスト教が普及する以前、古代ギリシャでラガノンと呼ばれたパスタとパンの中間のような食べ物にそのルーツがあるともいわれる。ラガノン(ラテン語でラガヌム)は、無発酵の小麦粉生地を平たく延ばして焼き、帯状に切ったもので、主に豆と一緒に煮込んだという。後にイタリア語ではラーガネと変化し、南イタリアでは手打ちのタリアテッレ(平麺)、またはマルタリアーティ(乱切りの意。多くはひし形状)を指すようになった。トゥリアという名前はシチリア由来とされ、乾燥させた糸状のパスタ(イ・トゥリヤ)の製造がシチリア西部で盛んになったという記録が12世紀の記録本に残されている。このパスタはシチリア以外にも輸出されていたことから、その名が広まったらしい。

トゥリアの作り方

材料(作りやすい分量)
セモリナ粉……500g
水……220ml前後
塩……10g

1 セモリナ粉のパスタ生地(P85)を作る。
2 生地を厚さ2mmほどに延ばし、幅1cm、長さ5cmの短冊に切る。

ソースと仕上げ

材料(2人分)
トゥリア……70g
ひよこ豆のペースト(*)……250g
茹でたひよこ豆(*)……250g
ローズマリー、揚げ油、塩、EVO、ペコリーノ(すりおろす)……各適量

1 ひよこ豆のペーストを鍋に入れ、水70mlを加える。
2 弱火にかけ、ローズマリー1枝と茹でたひよこ豆を加え、ソースが全体になじむまで煮る。
3 トゥリアの1/3量を色づくまで揚げ、油を切っておく。
4 残りのトゥリアを茹でて2に加え、塩で調味し、EVO30mlを加え混ぜる。
5 皿に盛り、3を散らし、ペコリーノをふり、EVOをかけ、ローズマリーを添える。

*ひよこ豆の下準備
ひよこ豆250gを3倍量の水に一晩浸け、塩少々、にんにく1片、ローズマリーとローリエ各適量を縛って加え、柔らかく茹でる。豆の半量をミキサーにかけてペースト状にする。

Ciceri e tria

ヴァッレ・ダオスタ州

じゃがいものニョッキ、フォンティーナソース

◆ニョッキ（生麺・ショート／じゃがいも+小麦粉生地） ◆茹で時間：約2〜3分
◆主材料：フォンティーナ ◆フィニッシュ：パルミジャーノ・レッジャーノ

糸引くチーズをたっぷり絡めて

　粉と水分を合わせて練り、一口大くらいにして茹でて調味するニョッキは、最も古いパスタの原型の一つ。中世の昔、ロンゴバルド族の支配下にあったヴェネト地方で"結び目"や"木のこぶ"を意味する言葉が語源だという説がある。じゃがいもを使ってふんわりと柔らかく仕立てたニョッキには優しくまろやかなソースがよく合う。フランスと国境を接するヴァッレ・ダオスタ州の山のチーズ、フォンティーナは香り高く濃厚な味わいが特徴。溶かすと糸を引き、ニョッキによく絡む。できたてのあつあつが美味しい、冬のご馳走だ。

じゃがいものニョッキの作り方

材料（作りやすい分量　約10人分）
じゃがいも（メークインタイプ）……500g
a ┌ 卵（溶く）……1個
　 └ 塩……2〜3g
b ┌ 小麦粉タイプ00……100g
　 └ ナツメグ……少々
パルミジャーノ・レッジャーノ（すりおろす）……25g

1　じゃがいもは蒸して皮をむき、マッシャーにかける。(A)
2　木の台に2を広げ、aを加え、スケッパーを2枚使って切るように混ぜ合わせる。(B)
3　bとパルミジャーノ・レッジャーノを加え、練らないように切り混ぜ、ほぼ均等に混ざったら、手でまとめる。台上に残った分はスケッパーでこそぎ、生地に合わせる。
4　打ち粉（分量外）をしながら、練らずに折りたたむようにして全体をなじませながら棒状にする。テクスチャーはマシュマロのような状態。布をかけ、10分くらい休ませる。
5　適当に切り出し、転がして（必要であれば打ち粉をしながら）直径2cm程度の棒状にする。
6　端から2cm長さくらいに切る。切ったら打ち粉を軽くまぶす。

ソースと仕上げ

材料（1人分）
ニョッキ……80g
フォンティーナ……35g
a　牛乳、生クリーム……各50ml
バター……5g
塩、パルミジャーノ・レッジャーノ（すりおろす）……各適量

1　フライパンにaを入れ、分離しないよう弱火でゆっくりと煮て、バターを加え溶かす。濃度がつくまで煮詰める。ニョッキも同時に茹で始める。
2　茹で上がったニョッキを加え、ソースを絡める。
3　塩、刻んだフォンティーナを加え、ニョッキの茹で汁少々も加えて、フォンティーナを溶かす。ニョッキが崩れるのを防ぐため、あまり混ぜすぎないこと。
4　フォンティーナが溶けて糸を引くようになったら、皿に盛り、パルミジャーノ・レッジャーノをふる。

A

B

Gnocchi alla bava

ラツィオ州

セモリナ粉のニョッキ

◆ニョッキ(生麺・ショート／セモリナ粉生地) ◆茹で時間：なし(生地段階で加熱済み) ◆ソースの系統：バター ◆主材料：ペコリーノ　パルミジャーノ・レッジャーノ ◆フィニッシュ：バター

バターとチーズでシンプルに

　セモリナ粉を使って火にかけて練った生地を型抜きするニョッキは、別名ニョッキ・アッラ・ロマーナ(ローマ式ニョッキ)。ローマでよくいわれる「木曜日のニョッキ、金曜日の魚、土曜日のトリッパ」のニョッキとは、このセモリナ粉のニョッキのこと。バターとチーズをたっぷり使って、オーブンで軽く火を通す。とてもシンプルなのに、ものすごく香りがいい。20世紀の初め、ローマの家庭では、大きな耐熱皿にいくつものニョッキとバターとチーズを重ね、うずたかく盛り付けたニョッキの山が最高のご馳走だったという。セモリナ粉で作るニョッキ自体はそれほど珍しくはなく、サルデーニャにもピラスという伝統的なセモリナ粉ニョッキがある。ただ、ローマ式は練り上げた生地を冷まし、型を使って丸く抜くところが特徴。調味もバターとチーズだけという点が、トマトがイタリア料理に入ってくる以前の伝統を思わせる。

Uno spunto dallo chef

型抜きしたあとの残りの生地は、湯や牛乳で緩めて再び成形したり、そのまま切ってラグーを添えて供してもよい。

材料(作りやすい分量　約6人分)
セモリナ粉……130g
a ┌牛乳……400ml
　└バター……40g
b ┌ナツメグ……少々
　└塩……2g
ペコリーノ、パルミジャーノ・レッジャーノ(ともにすりおろす)、バター……各適量

作り方

1　鍋にaを入れ、弱火で溶かす。
2　沸騰する直前にかき混ぜながらセモリナ粉を少しずつ加え、練り混ぜる。
3　つきたての餅くらいの弾力性が出てきたら、bを加え混ぜる。(A)
4　バットに入れ、平らにならし、ラップで覆う。粗熱が取れたら冷蔵庫へ(このまま数日間保存可能)。
5　完全に固まったら直径5cmの丸型で抜き、オーブンペーパーを敷いた天板に並べる。
6　ペコリーノ、パルミジャーノ・レッジャーノを同量ずつニョッキの上面にたっぷりのせ、バターをひとかけらずつのせる。
7　185℃のオーブンで10分ほど焼く。
8　皿に盛り、溶かしバターをかける。

A

Gnocchi di semola

エミリア・ロマーニャ州
鶏ラグーのガルガネッリ

◆ガルガネッリ（生麺・ショート／卵入り生地）　◆茹で時間：約10分
◆ソースの系統：ラグー　◆主材料：鶏　◆フィニッシュ：パルミジャーノ・レッジャーノ

細かい溝がラグーの旨味を捉える

　エミリア・ロマーニャ州、とりわけ東側のロマーニャ地方のパスタ。ガルガネッリという名前は、鶏の喉（食道）を意味する方言ガルガネルが由来といわれる。発祥についてはいくつかの伝説があるが、その一つが、教皇領ロマーニャ地方を治めていた枢機卿の屋敷での晩餐会のために、女性料理人が詰め物パスタを作ろうとしたところ、詰め物が足りなくなり、とっさに機織りの筬（おさ）を利用して筋模様つきのパスタを作ったという説。機織り機が身近な道具だった女性が考案者というのがポイントだろう。ともかく、ガルガネッリには、鶏肉のラグーを合わせるのが伝統とされる。レバーなどの内臓、仕上げに使うたっぷりのチーズも手伝って、赤ワインがよく合うコクのある一品となる。

ガルガネッリの作り方

材料（作りやすい分量）
小麦粉タイプ00……500g
卵……5個
塩……10g

1. 卵入りパスタ生地（P86）を作る。
2. 生地を2mmほどの厚さ（模様をしっかりとつけるためにはやや厚い方がよい）に延ばし、3cm×3cmの正方形にカットする。
3. ガルガネッリ用の櫛状の道具の溝が縦になるように置き、生地を対角線が溝と同方向になるように載せ、木の棒で端から巻きつけるようにする。(A)

A

ラグーと仕上げ

材料（1人分）
ガルガネッリ……50g
a ┌ 鶏もも肉……60g
　├ 鶏ハツ……15g
　└ 鶏レバー……30g
b ┌ にんにく（つぶす）、ローズマリー、マルサラ
　└ 酒……各適量
マッシュルームなど好みのきのこ……30g
エシャロットのストック（＊）……10g
バター……15g
塩、EVO、ローズマリー（刻む）、レモンの皮（すりおろす）、黒胡椒、パルミジャーノ・レッジャーノ（すりおろす）……各適量

1. aは大きめに刻んで、塩をふり、bで30〜60分ほどマリネする。
2. フライパンにEVOをひき、1のもも肉をソテーして取り出したら、ハツとレバーをソテーして取り出す。
3. 2のフライパンにEVOをひき、鶏肉と同じくらいの大きさに切ったきのこを入れ、ソテーする。ガルガネッリを茹で始める。
4. もも肉のみ3のフライパンに戻し、エシャロットのストック、水またはブロード（分量外）70ml、ローズマリー少々を加え、軽く煮る。

Garganelli con ragù di pollo

5 レバーとハツも戻し、茹で上がったガルガネッリを加え、レモンの皮、バターを少々加える。

6 ローズマリー少々を加え、黒胡椒をふり、パルミジャーノ・レッジャーノをふたつかみほど加える。

7 皿に盛り、パルミジャーノ・レッジャーノをふる。

＊エシャロットのストック
鍋にEVOをひき、細かいみじん切りにしたエシャロット300gを加え、蓋をしてごく弱火でじっくりと甘みが出るまで蒸らし炒めする（飴色になるまで炒めなくてよい）。冷凍も可能。

アブルッツォ州
クレスペッレのタリアテッレ、ペペローネソース

◆クレスペッレ（生麺・ショート／小麦粉生地）　◆茹で時間：なし（直接ソースと和える）
◆ソースの系統：トマトソース　◆主材料：パプリカ　◆フィニッシュ：ペコリーノ

フライパン焼きクレープをパスタに

　クレスペッレ、つまりクレープは、パスタの世界では特殊な存在。緩めの生地を焼いて、それを細切り（あるいは乱切り）にしてソースと合わせる。一般的な手打ちパスタよりも成形の手間が少ない上に、くったりとした柔らかなテクスチャーも独特だ。その食感に合わせて、ソースも滑らかな仕立て。ローストしたパプリカ（イタリア語でペペローネ）の甘みに、ピリッと唐辛子を効かせている。このほか、クレスペッレを切らずにそのままアンチョビを巻いてトマトソースで和えたり、フォンティーナチーズと生ハムを巻いてバターを散らしてオーブンで焼いたり、茹でたほうれん草を巻き、ベシャメッラ（ホワイトソース）をかけてオーブン焼きにしたり。アレンジも楽しい変わりパスタである。

クレスペッレのタリアテッレの作り方

材料（作りやすい分量　約10枚分）
a ┌ 小麦粉タイプ00……300g
　├ 水……500ml
　├ 卵……3個
　└ 塩……5g
ラード……適量

1　aを合わせてよく混ぜ、一晩休ませる。
2　鉄のフライパンを熱し、ラードを入れ、ペーパータオルで広げながら余分を拭き取る。
3　1の生地を流し入れて焼く。クレープ状の薄さ（内径21cmのフライパンにレードル1杯（約70ml））が目安。
4　表面が乾き、縁が剥がれてきたら焼き色を確かめて皿などに取り出し、粗熱をとる。
5　冷めたら幅1cmほどのリボン状に切る。(A)

A

ペペローネソースと仕上げ

材料（作りやすい分量　約2人分）
クレスペッレのタリアテッレ……160g
パプリカ……2個
a ┌ 唐辛子（小）……1個
　├ トマトソース（P8）……30ml
　└ EVO……適量
ペコリーノ（すりおろす）……適量

1　パプリカは230℃のオーブンでローストする。表面の薄皮に色がついて、果肉はクタッとなり薄皮が少し浮いているくらいの状態になったら取り出し、皮をむき、種をとる。焼き汁はとっておく。
2　1とその焼き汁、aをミキサーにかける。
3　フライパンに2のペペローネソースを入れて弱火にかけ、クレスペッレのタリアテッレを加えて味をなじませる。
4　皿に盛り、ペコリーノをふる。

Tagliatelle di crespelle con crema di peperone

リグーリア州
栗の粉のトロフィエ、くるみのソース

◆トロフィエ(生麺・ショート／栗の粉生地) ◆茹で時間：約10分
◆主材料：くるみ　にんにく　◆フィニッシュ：パルミジャーノ・レッジャーノ　マジョラム　くるみ

冬に味わう山の恵み

　リグーリア州で古くから作られているニョッキの変形パスタ。トロフィエとは、ストロフィナーレ（こする）という言葉が語源で、手のひらで台にこすりつけるようにしてねじれを作る。中央部が膨らみ、端は細い独特の形になる。

　土地が殆どないリグーリアは小麦が作れないため、山の栗を粉に挽いて小麦粉の代わりに使っていた。このトロフィエもその名残で、全部ではないが、粉の一部を栗の粉で作る。軽い渋みとほのかな甘みが独特なパスタだ。トロフィエに合わせるソースは、バジリコのペスト・ジェノヴェーゼが一般的だが、山間部ではすりおろしたチーズだけ、あるいはチーズを溶かしたソースで和える。シンプルな方が栗の風味を邪魔しない。

トロフィエの作り方

材料（作りやすい分量）
栗の粉……100g
小麦粉タイプ00……400g
水……230ml
塩……10g

1　セモリナ粉のパスタ生地の作り方（P85）を参照して生地を作る。
2　適当な棒状に切り出し、台上で転がして直径1cmほどの紐状にして、端から長さ2cmほどにカットする。
3　一つを台上に置き、手のひらをのせ、手首の付け根から小指の付け根の部分を使って前後に2、3度動かして細長くする。
4　最後に右奥から左手前に斜めに引いて生地にひねりをつける。(A)

A

ソースと仕上げ

材料（1人分）
トロフィエ……50g
a ┌ くるみ……20g
　└ にんにく……ごく少量（2〜3mm片）
牛乳……80ml
マジョラム、塩、EVO、パルミジャーノ・レッジャーノ（すりおろす）、くるみ（刻む）……各適量

1　aをモルタイオ（石のすり鉢）ですりつぶす。トロフィエを茹で始める。
2　フライパンにすりつぶしたaを入れ、牛乳を加え、弱火で温める。沸騰させない。
3　マジョラム1枝、塩、EVOを加える。
4　茹で上がったトロフィエを加え混ぜる。味見して必要であれば塩を加える。
5　皿に盛り、パルミジャーノ・レッジャーノをふり、マジョラムの葉、くるみを散らす。

Trofie con salsa di noci

南部全般

いのししラグーのマッケローニ

◆マッケローニ(生麺・ショート／セモリナ粉生地) ◆茹で時間：約10分
◆ソースの系統：ラグー ◆主材料：いのしし肉 ◆フィニッシュ：ペコリーノ

マッケローニはパスタの代名詞

　いのししは中部から南部にかけて馴染みのあるジビエ。ラグーにするのは赤身で、時間をかけて煮込むと繊維がほぐれて柔らかくジューシーになる。煮込む時に加えるねずの実(ジュニパーベリー)が臭みを抑え、独特のスパイシーな香りをもたらしてくれる。合わせるパスタはマッケローニ。マッケローニとは、具体的に一種類のパスタを指す言葉ではなく、時にはパスタ一般を示すこともある。ここで取り上げるのは南イタリアでよく作られる棒を使った穴あきショートパスタ。この形のマッケローニは、15世紀の宮廷料理人マエストロ・マルティーノ・ダ・コモの料理書で「シチリアのマッケローニ」として紹介されている。同じ料理書には「ローマのマッケローニ」という名前で、現代でいうフェットゥチーネ(指の幅ほどの平麺)も載っている。このように、マッケローニという言葉は時代と場所によってさまざまな意味を持つため、地名や使う道具の名前を添えることでイメージをより具体的に示すことが多い。

マッケローニの作り方

材料(作りやすい分量)
セモリナ粉……500g
水……220ml前後
塩……10g

1. セモリナ粉のパスタ生地(P85)を作る。
2. 生地を適当に切り出し、台上で転がして直径5mmほどのひも状に延ばす。
3. 端から長さ3〜4cmに切り、竹ひごまたは金串などの細い棒(直径2〜3mm)をのせ、片手を添え、もう片方の手は棒の端を支え持ち、台上で転がす。(A)
4. しっかり巻きついたら、棒から引き抜く。(B)

A

B

Maccheroni al ferretto con ragù di cinghiale

ソースと仕上げ

材料（1人分）

マッケローニ……50g
いのししラグー（＊）の煮汁……70g
いのししラグー（＊）の肉……40g
ローズマリー……少々
パルミジャーノ・レッジャーノ、ペコリーノ（ともにすりおろす）、EVO……各適量

1. マッケローニを茹で始める。
2. フライパンにラグーの煮汁を入れ、ラグーの肉、ローズマリーを加えて弱火で軽く煮立たせる。
3. 茹で上がったマッケローニを加え、よく混ぜ、味を含ませる。
4. 仕上がり際にパルミジャーノ・レッジャーノ、ペコリーノをひとつかみずつ加え、EVOを回しかける。
5. 皿に盛り、ペコリーノをふる。

＊いのししラグー

材料（作りやすい分量　約15人分）

いのしし肉（すね、肩など煮込み用）……1kg
a ┌ トマトのパッサータ……400ml
　│ 赤ワイン……300ml
　│ 玉ねぎ……300g
　│ にんじん、セロリ……各100g
　│ 唐辛子（小）……2個
　│ パプリカパウダー……10g
　│ ブーケガルニ（ローリエ3枚、セージ2枝、
　│ 　ローズマリー2枝）
　└ ねずの実（軽くつぶす）……3粒
EVO……適量

1. いのしし肉は1〜2cm角に切ってEVOで炒め、aの野菜は粗いみじん切りにしてその他の材料とともに加え、かぶるくらいまでの適量の水を注ぎ、煮る。
2. 肉に串を刺したら、スッと通るというよりサクッと通る感じ（ほんの少し弾力が残っている）で、全体に汁気はあり、緩やかな濃度がついている状態になったら、肉とブーケガルニを取り出し、煮汁をミキサーにかける。

いのししはイタリア全土に生息し、その肉は身近な食材である。特に冬、寒さの厳しい南部山間の地では貴重なたんぱく源でもあった。写真はアブルッツォ州内陸の風景。

リグーリア州

ポルチェーヴェラ谷式コルツェッティ、うさぎのソース

◆コルツェッティ(生麺・ショート／卵入り生地) ◆茹で時間：約12〜13分 ◆ソースの系統：オイル
◆主材料：うさぎ肉 ◆フィニッシュ：パルミジャーノ・レッジャーノ　マジョラム

オレキエッテの仲間、8の字型パスタ

　むっちりとした食感が楽しいコルツェッティ。両手の親指を使って作る8の字型で、コルセッティ、クロスィ、クロセッティなどさまざまな呼び名を持つパスタである。リグーリア州ではジェノヴァに流れ込むポルチェーヴェラ川流域の伝統パスタであり、ヴァル・ポルチェーヴェラ（ポルチェーヴェラ谷）式と呼ぶことも多い。13世紀ごろ、クロゼと呼ばれるパスタが存在した南仏プロヴァンス地方から伝わったといわれ、同時期にフランス王家が支配していたプーリアに伝わったものは、親指を押しつけてくぼませたオレッキエッテとなったという。14世紀の文書には、コルツェッティの大きさは親指大にすべしとあり、形もオレッキエッテに近いものだったが、やがて、両手の親指を使った8の字型に変化していったと考えられている。伝統的には野菜やハーブを主体とするソース、たとえばペスト・ジェノヴェーゼやマジョラムのペーストを合わせる。また、いんげん豆を一緒にすることも多い。今回は、リグーリア産オリーブとうさぎを煮込んだソースを合わせた。淡白なうさぎ肉も丁寧にブロードをとるとしっかりとした旨味が出る。

コルツェッティの作り方

材料（作りやすい分量）
小麦粉タイプ00……500g
卵黄……100g
水……140ml
塩……10g

1. 卵入りパスタ生地（P86）を参照して生地を作る。使うのは卵黄のみ、さらに卵の割合を減らし水を加えているが、手順は同じ。
2. 直径1cmの棒状に延ばし、端から1.5cm長さに切る。
3. 1つを取り、両手の親指と人差し指で押すように挟んでくぼみをつける。(A)
4. 中心を基点にしてひねる。(B)

A

B

ソースと仕上げ

材料（1人分）

コルツェッティ……50g
うさぎもも肉……50g
タジャスカ種オリーブ（塩漬け）……5個
a ┌ EVO……20ml
　 └ にんにく（つぶして薄切り）……1片
b ┌ 基本のソフリット（P9）……20g
　 │ マジョラム……1枝
　 └ うさぎのブロード（＊）……70ml
塩、パルミジャーノ・レッジャーノ（すりおろす）、
マジョラム……各適量

1 うさぎもも肉は粗く刻んで塩をまぶしてお
　く。 タジャスカ種オリーブは種を取り、1/2
　〜1/4に切る。コルツェッティを茹で始める。

2 フライパンにaを入れ、弱火にかける。

3 にんにくから泡が出てきたら1のうさぎもも
　肉を加える。

4 肉の色が変わったら、1のタジャスカ種オリー
　ブ、bを加える。

5 ソース全体に肉やオリーブの味がなじみ、ゼ
　ラチン質の効果で軽く乳化が始まっている状
　態になったら、茹で上がったコルツェッティ、
　水少々も加えて軽く煮詰める。仕上げにパル
　ミジャーノ・レッジャーノを加え混ぜる。

6 皿に盛り、パルミジャーノ・レッジャーノをふ
　り、マジョラムの葉を散らす。

＊うさぎのブロード
うさぎの骨3羽分、水5L、玉ねぎ1個、にんじん1/3本、
セロリ1本、ローリエ2枚、タイム数本、セージ1本、ク
ローブ1個を鍋に入れ、2時間、弱火で煮出す。

Uno spunto dallo chef

生地を作る際、卵黄のみを使い、卵の割合を減らして水を加えている理由は、卵白の代わりに水を使う事によって全卵の時よりも生地にしなやかさが出るため。 全卵だけの生地は液体としての濃度が高く、かなり強い生地になるので、成形の際の反発（戻り）が大きく、分厚く硬い食感になりやすい。 流動性がニュートラルな水を用いる事で、そうした部分が調整しやすくなるほか、よりクリアに卵黄のコクと粉の香りを感じやすい生地になる。 特殊な形のパスタゆえ、ソースとの相性、食べやすさ、食感などを考慮し、また作業性も踏まえた配合にしている。

Corzetti alla polceverasca

リグーリア州
バッカラソースのクロセッティ

◆クロセッティ(生麺・ショート／卵入り生地) ◆茹で時間：約10分
◆ソースの系統：トマトソース ◆主材料：バッカラ ◆フィニッシュ：イタリアンパセリ

専用の木型でパスタに模様を描く

　薄いメダル状のパスタ、クロセッティ。コルツェッティ(P111)と同じ生地に木型で模様をつける方法はルネサンス時代に広まった。初めは、ソースが絡むように小さな十字(イタリア語でクロチェッタ)模様などシンプルなデザインが中心だったが、やがて幾何学模様や草花を象ったり、貴族はその紋章を彫ったものを使うようになった。浮き彫り模様にソースが絡むとはいえ、それほど味が染み込むことはないので、ソースはちょっとしっかりした味わいにする。塩蔵タラのバッカラは淡白なタラの味がぎゅっと凝縮されていて、トマトソースとは絶好の相性。また、バッカラのトマト煮込みにはにんにくと唐辛子もマストである。

クロセッティの作り方

材料(作りやすい分量)
小麦粉タイプ00……500g
卵黄……100g
水……140ml
塩……10g

1 ポルチェーヴェラ谷式コルツェッティ(P111)と同じ生地を作る。
2 パスタマシーンで厚さ2mm程度に延ばした生地を、専用の木型を使って丸く抜く。
3 判型で挟んで押し、模様をつける。(A)

A

ソースと仕上げ

材料(1人分)
クロセッティ……6枚
a ┌EVO……20ml
　│にんにく(つぶす)……1片
　└唐辛子(小)……1個
バッカラ(＊)(塩蔵タラを塩抜きして戻したもの。粗く刻む)……70g
トマトソース(P8)……90ml
塩、イタリアンパセリ(刻む)……各適量

1 フライパンにaを入れて弱火にかける。同時にクロセッティを茹で始める。クロセッティはくっつきやすいので、一度に少量ずつ。
2 にんにくから細かい泡が立ってきたら、バッカラを入れ、ソテーする。
3 トマトソースを加え、軽く煮る。途中、水少々を加え、煮上がり際に塩で調味する。
4 茹で上がったクロセッティを3に加え混ぜる。
5 皿に盛り、刻んだイタリアンパセリを散らす。

＊自家製バッカラの作り方

タラにたっぷり塩をまぶして冷蔵庫に入れ、出てきた水気を拭く。これを1週間ほど続け、最後は脱水シートに包んで水気を抜く。

Croxetti con baccalà e pomodoro

トスカーナ州

ペスト・ジェノヴェーゼのテスタローリ

◆テスタローリ（生麺・ショート／小麦粉生地）　◆茹で時間：約2〜3分
◆ソースの系統：オイル　◆主材料：バジリコ　◆フィニッシュ：松の実　バジリコ

焼き、茹でる、二段階加熱パスタ

　トスカーナ州とリグーリア州とエミリア・ロマーニャ州の境にある山間部の伝統パスタ。最古のパスタともいわれ、聖書に記された「熱い石板の上で焼くフォカッチャ」が、その原型だという。その名はパスタを焼く道具である、内側に釉薬をかけた平たいテラコッタの皿、テストから。蓋をすることでふっくらと焼き上がるのが特徴だ。伝統的な食べ方は、一口大のひし形に切って茹で、すりおろしたチーズとオリーブオイルを混ぜたり、ペスト・ジェノヴェーゼやくるみのソースを絡める。この一皿は、焼いて茹でた生地のしんなりした食感と、バジリコのスパイシーな香り、ナッツのコクを楽しむパスタだ。

テスタローリの作り方

材料（作りやすい分量）

a ┌ 小麦粉タイプ00……200g
　├ 水……350ml
　└ 塩……4g
EVO……適量

1 aをよく混ぜ合わせ、一晩置く。
2 厚手の鉄のフライパンを2つ用意し、1つを弱火にかけて熱し、EVO少々をひき、余分な油を拭き取る。
3 生地を流し込む。生地の厚さはクレープほど。
4 もう1つのフライパンを蓋として被せて焼く。
5 表面にプツプツと穴があき、底側に焼き色がつけば完成。皿に取り、冷ます。残りの生地も同様にして焼く。
6 冷めたら、幅3cmほどに切り、さらに斜めに切ってひし形にする。

ペスト・ジェノヴェーゼと仕上げ

材料（2人分）

テスタローリ（茹で上がった状態で）……200g
バジリコの葉……25g
a ┌ 松の実……15g
　└ にんにく……ごく少量
サーレ・グロッソ（イタリアの大粒の塩）……ごく少量
b ┌ パルミジャーノ・レッジャーノ、ペコリーノ
　│ （ともにすりおろす）……各5g
　└ リグーリア産EVO……10ml
仕上げ用松の実、バジリコ……各適量

1 モルタイオ（石のすり鉢）にaを入れ、すりつぶす。
2 サーレ・グロッソも加え、すりつぶし、さらにバジリコの葉を少しずつ加えてすりつぶす。
3 bを加え、滑らかなペーストにする。テスタローリを茹で始める。
4 ペーストをボウルに移し、パスタの茹で汁少々を加えて混ぜる
5 茹で上がったテスタローリを加え混ぜる。
6 皿に盛り、仕上げ用松の実を散らし、バジリコを添える。

Testaroli al pesto genovese

Uno spunto dallo chef

小麦粉のグルテンを生かしたしんなりとした弾力性が特徴のパスタ。このレシピは水と粉のバランスが決め手で、何度も試してたどり着いた黄金の配合である。テストを手に入れる事はなかなか難しいので、代わりに厚手のフライパンを二つ使うことで、熱が逃げずに対流して適度な蒸し焼きが可能となり、綺麗な焼き色がつく。

ロンバルディア州
ヴァルテッリーナ式ピッツォッケリ

◆ピッツォッケリ（生麺・ショート／そば粉生地）　◆茹で時間：約7〜8分　◆ソースの系統：バター
◆主材料：じゃがいも　ちりめんキャベツ　◆フィニッシュ：パルミジャーノ・レッジャーノ

いもとキャベツで煮込むそば粉パスタ

　ロンバルディア州北部アルプス山脈の麓、ヴァルテッリーナの伝統、そば粉のパスタ。冷涼で痩せた土地にも根付くそばはアルプスの渓谷地帯で古くから栽培されてきた。伝統的なピッツォッケリは、じゃがいもとキャベツとチーズで食べるボリューム満点の田舎料理。チーズは地元で作られる牛乳製のセミハードタイプで、とろとろに溶けてパスタやいもによく絡んだところが美味しい。ヴァルテッリーナのテッリオ村では毎年7月の最終週にピッツォッケリ祭りが催されている。そこではたっぷりのチーズの上に、にんにく入りの熱い溶かしバター、胡椒をかけるのが決まりである。

ピッツォッケリの作り方

材料（作りやすい分量）
そば粉……300g
小麦粉タイプ00……200g
全卵……250g
塩……10g

1　ボウルにそば粉と小麦粉を合わせる。
2　塩を加えて溶いた卵液を1に加え、ゴムベラなどで手早く全体に混ぜる。
3　2を手で全体をそぼろ状にした後、体重をかけてまとめる。
　乾かないようにビニール袋やラップなどで包み、休ませながら何度か練り返す。グルテンの弱い生地なので、あまり強く練らず、また回数もあまり多く練らない方がよい。
4　めん棒で厚さ2mmほどに延ばし、幅1.5cm、長さ8cmの短冊に切る（サイズや形は好みで変えてもよい）。くっつきやすいので、重ならないようにして少し乾かす。

ソースと仕上げ

材料（1人分）
ピッツォッケリ……60g
a ┌じゃがいも（2cm角程度に切る）……30g
　└ちりめんキャベツ（ざく切り）……20g
バター……30g
b ┌にんにく（つぶす）……2片
　└セージ（小さめ）……1枝
ヴァルテッリーナ・カゼーラDOP（熟成の若いもの、刻む）……30g
塩、パルミジャーノ・レッジャーノ（すりおろす）……各適量

1　ピッツォッケリを茹で始め、2、3分後にaも加え、一緒に茹でる
2　フライパンにバター20g、bを入れて弱火にかける。
3　2に茹で上がった1を加え混ぜ、残りのバターを加えて煽り混ぜ、よく乳化させる。チーズ類を加えてからはくっつきやすいので、この時点で塩で味を整えておく。
4　ヴァルテッリーナ・カゼーラDOPを加え、ごく弱火、または火を止め、余熱で溶かす。
5　仕上げにパルミジャーノ・レッジャーノを加え混ぜ、皿に盛り、パルミジャーノ・レッジャーノをふる。

Pizzoccheri della Valtellina

イタリア全土

パスタ・エ・ファジョーリ

◆マルタリアーティ（生麺・ショート／卵入り生地）◆茹で時間：約5〜6分 ◆ソースの系統：ミネストラ ◆主材料：ボルロッティ豆 ◆フィニッシュ：パルミジャーノ・レッジャーノ

古代より愛されたパスタと豆の煮込み

　パスタの食べ方としてもっとも古い部類に属すのが、豆との組み合わせ。古代ローマ時代の詩人ホラティウスの詩にある「ポロネギ、ひよこ豆、ラーガネ（P96 チチェリ・エ・トゥリアの解説を参照）の煮込みを食べた」という行からも非常にクラシックな料理であることが伺える。古来、麦と豆は交互に栽培するのが習わしで、イタリア人にとって豆はなくてはならない基本的な食料だった。そして豆には、麦にはない栄養素があり、食物繊維も豊富、しかも消化がよく、食べてすぐにエネルギーとなるので、豆の煮込みはイタリアの代表的な農家料理ともいわれている。

　この料理は、使う豆もパスタの種類も土地により、作る人の好みによりさまざまだが、ここで紹介するのはマルタリアーティとボルロッティ豆（うずら豆）のミネストラだ。卵入り生地を食べやすいひし形に切り、ほっくりとした優しい豆のクリームスープで味わう。マルタリアーティとは、"下手に切った"という意味だが、もともとは余った生地を適当に一口大に切ったパスタ。形が不揃いゆえ煮込んだり、たっぷりのソースで和えることが多い。ボルロッティ豆は旬の時期以外は乾燥豆、または水煮の缶詰や瓶詰を利用する。パスタ・エ・ファジョーリが美味しく感じられるのは特に冬。熱々にパルミジャーノ・レッジャーノと黒胡椒、そしてオリーブオイルをたっぷりかけるとまた格別に美味しい。

マルタリアーティの作り方

材料（作りやすい分量）
小麦粉タイプ00……500g
卵……5個
塩……10g

1　卵入りパスタ生地（P86）を作る。

2　2mm厚さに延ばし、3〜4cm幅の帯状に切って、さらに斜めに切ってひし形にする。

スープと仕上げ

材料（1人分）
マルタリアーティ……30g
ボルロッティ豆のペースト（＊）……100g
トマトのパッサータ……30ml
茹でたボルロッティ豆（＊）……70g
塩、ローズマリー、EVO、パルミジャーノ・レッジャーノ（すりおろす）……各適量

1　小鍋にボルロッティ豆のペーストを入れ、トマトのパッサータ、水140mlを加え、弱火にかける。マルタリアーティを茹で始める。

2　1の小鍋にボルロッティ豆、塩、ローズマリーの小枝を加え、軽く煮る。

3　マルタリアーティが7〜8割がた茹で上がったら、2に加え煮込む。

4　仕上がり際にEVOを適量加え混ぜる。

5　器に盛り、パルミジャーノ・レッジャーノをふり、EVOをひと回しかける。

＊ボルロッティ豆
ボルロッティ豆250gを三倍量の水に一晩浸け、にんにく、セージ、ローリエ各適量を加えて柔らかく茹でる。ペーストにする分はミキサーにかける。

Pasta e fagioli

サルデーニャ州
アサリとムール貝のフレーゴラ

◆フレーゴラ(生麺・ショート／セモリナ粉生地) ◆茹で時間：約8分
◆ソースの系統：貝のスーゴ ◆主材料：アサリ　ムール貝 ◆フィニッシュ：イタリアンパセリ

スープで味わうつぶつぶパスタ

　硬質小麦のセモリナ粉に水を含ませながら動かしていくと次第に粒になっていく。これが、シチリアではクスクスに、サルデーニャではフレーゴラ(フレーグラとも)となる。クスクスもフレーゴラも元はマグレブと呼ばれる北アフリカから伝わったもので、粒の細かいクスクスは蒸して、より大きなフレーゴラは乾燥させてから炒り、さらに蒸し煮して、スープとともに味わう。クスクスがスパイシーな味付けにすることが多いのに対し、フレーゴラはもっとマイルドな貝の出汁や、野菜または肉のブロードを合わせるのが伝統。ここで紹介するムール貝を使ったスーゴのポイントはサルデーニャ州のドライな白ワイン、ヴェルナッチャ・ディ・オリスターノ。アルコール度数の高いシェリーのような風味で、香ばしいフレーゴラとよく合う。フレーゴラの語源は、ラテン語のフェルクルム(小さなかけら)。サルデーニャ全土で見られ、家庭で作ることもあったが、14世紀ごろには粉挽き屋で商品として製造販売されていたという。

オリスターノのバールに並ぶヴェルナッチャ・ディ・オリスターノ。

小さいが風情のある街、オリスターノの中心地にある教会と鐘楼。

Fregola con vongole e cozze

フレーゴラの作り方

材料

粗挽きセモリナ粉、細挽きセモリナ粉、水……各適量

1. 少量の粗挽きセモリナ粉（核になる）をボウルに入れ、片手でボウルを持ち、片手で水の入った霧吹きを持つ。(A)
2. ボウルを煽って粉が空中に浮いているところをめがけて霧吹きで水をかける。この時、水がボウル肌につかないように注意する。
3. 両手でボウルを持ってさらに煽り、粉と水をなじませる。
4. 時折、手でほぐす。(B)
5. そぼろ状になったら、細挽きのセモリナ粉を少量加えて、さらに霧をかけながら、煽る。時折、手でほぐす。これを繰り返す。
6. 目の粗いザルに入れ、ふるう。細かい粒はクスクスとして、大きめの粒をフレーゴラとして使う(C)。広げて乾かす。
7. 十分乾いたら、フライパンに入れ、弱火にかけ、焦げ付かないように煽りながら炒る。まだらに焼き色がついたら完成。(D)

スーゴと仕上げ

材料（1人分）

フレーゴラ……30g
a　アサリ、ムール貝……合わせて200g
ヴェルナッチャ・ディ・オリスターノ……40ml
サフランパウダー……少々
EVO、イタリアンパセリ（刻む）……各適量

1. aは水少々とともに鍋に入れ、蓋をして中火にかける。
2. 途中、ヴェルナッチャ・ディ・オリスターノを加える。
3. 沸騰して、貝が開いたら、火を止める。EVO少々をかける。
4. 煮汁を別の鍋に移す。
5. 中火にかけた4の煮汁にフレーゴラを加え、サフランパウダーも加える。沸騰したら火を止める。
6. 皿に貝を盛り、5をかけ、イタリアンパセリを散らし、EVOをひと回しかける。

A　B　C　D

Uno spunto dallo chef

粉が粒状にまとまったら、数種類の目のザルで大きさを選別し、大きさによって用途を使い分けることと、乾燥後に炒って香ばしくするのがユニーク。

サルデーニャ州

エビとアサリのロリギッタス

◆ロリギッタス(生麺・ショート／セモリナ粉生地) ◆茹で時間：約12分 ◆ソースの系統：オイル
◆主材料：エビ　アサリ ◆フィニッシュ：レモンの皮　オレンジの皮　イタリアンパセリ

諸聖人に捧げる二重ねじりの輪

　ロリギッタスは、サルデーニャ州中部、人口720人ほどの小さな古い町モルゴンジョーリの伝統パスタ。名前の由来は、現地の言葉でロリーガ(楕円形の指輪)から派生した植物の蔓を意味するロリギッタで、ロリギッタスはその複数形である。細長い紐状にした生地を指に巻きつけ、さらにねじるという手間のかかるパスタで、かつてはオンニッサンティ(11月1日の諸聖人の日)のお祝いのためだけに作る特別なものだった。その日は村中の女性陣が朝から総出で、お喋りしたり唄を謳いながら1つずつねじり、伝統的なザルに並べて乾かす光景が見られたという。今では食料品店や土産物店で乾燥ロリギッタスが販売されるほどになっている。このパスタは、ねじることでできる溝に水分がしみ込むので、汁気の多いソースとの相性がいい。ここではアサリとエビの魚介の旨味に、レモンとオレンジの香りを添えた。また、ジューシーなトマトソースや若鶏を煮込んだ軽いラグーもおすすめ。

サルデーニャは各村ごとが異なる民族衣装を持つ。女性の衣装には刺繍や金細工がほどこされていることが多い。細やかな手仕事を好む島の人々が生み出すパスタも、同じように手が込んでいる。

125

ロリギッタスの作り方

材料（作りやすい分量）
セモリナ粉……500g
水……220ml前後
塩……10g

1. セモリナ粉のパスタ生地（P85）を作る。
2. 生地を直径1cmくらいの棒状に切り出し、木の台と両手のひらの間で転がして直径2〜3mmほどの紐状に延ばす。
3. 片方の手の人差し指と中指にゆるく2回巻きつける。(A)
4. 巻き終わりをちぎって止める。(B)
5. 両手の親指と人差し指で持ち、片方は輪の内側に生地をねじり、もう片方は輪の外側に生地をねじる。(C)これを繰り返して、均一な縄目にする。(D)

A

B

C

D

ソースと仕上げ

材料（1人分）
ロリギッタス……50g
a ┌EVO……20ml
　└にんにく（つぶす）……1片
さい巻エビ……2尾
アサリ……8個
ミニトマト……5個
イタリアンパセリ（刻む）、EVO、レモンの皮、オレンジの皮、塩……各適量

1. ロリギッタスを茹で始める。
2. フライパンにaを入れて弱火にかけ、香りが立ってきたら、殻をむいたさい巻エビを加え、色が赤く変わったら取り出す。
3. 同じフライパンにアサリ、水20mlを加えて蓋をする。
4. アサリが開いたら、ミニトマトを加える。
5. アサリを取り出し、イタリアンパセリを加え、トマトが柔らかくなってきたらスプーンなどで軽くつぶす。
6. 茹で上がったロリギッタスを加えてひと煮立ちさせる。
7. アサリを戻し、水少々を加えてさらに軽く煮る。
8. 最後にエビを戻し、塩、EVOを加え混ぜる。
9. 皿に盛り、レモンとオレンジの皮の細切り、イタリアンパセリをふる。

Lorighittas al mare

サルデーニャ州

マッロレッドゥスのサルシッチャソース

◆マッロレッドゥス(生麺・ショート／セモリナ粉生地) ◆茹で時間：約10～12分
◆ソースの系統：トマトソース ◆主材料：サルシッチャ ◆フィニッシュ：ペコリーノ・サルド

島伝統の籠を使ったニョッキ

独特な形のパスタが多いサルデーニャでも、最もシンプルなマッロレッドゥス。伝統的な作り方ではサフランで黄色く色づけて、黄金や卵といった豊かさを表現した。別名、ニョッケッティ・サルディとも呼ぶが、この名前の場合は手打ちではなく機械で作った乾燥パスタを指すことも多い。食べ方は、ペコリーノをすりおろし、湯煎にかけて溶かしたチーズソースで和えたり、生クリームのソースを合わせたり、また、シンプルにすりおろしたペコリーノをかけるだけのこともある。ここではサルシッチャをトマトソースで煮込み、サフランも使ってリッチに仕上げた。

マッロレッドゥスの作り方

材料（作りやすい分量）
セモリナ粉……500g
水……220ml前後
塩……10g

1 セモリナ粉のパスタ生地(P85)を作る。
2 生地を適当に棒状に切り出し、直径1cmほどの棒状に延ばし、端から1.5cm長さに切る。
3 サルデーニャの籠の溝を利用して、筋をつける。(巻きすを利用してもよい)。(A)

A

ソースと仕上げ

材料（1人分）
マッロレッドゥス……50g
a ┌EVO……20ml
 └にんにく(つぶす)……1片
サルシッチャ(P11)……50g
トマトソース(P8)……70ml
サフラン……ごく少量
ペコリーノ・サルド＊(すりおろす)……適量

1 フライパンにaを入れ、弱火にかける。マッロレッドゥスを茹で始める。
2 にんにくから細かい泡が立ってきたら、崩したサルシッチャを加える。
3 サルシッチャに焼き色がついたらトマトソースを加えて煮込む。サルシッチャの味と脂がソースに移り、適度な濃度と艶のある状態になったら、パスタの茹で汁70mlにサフランを入れたものを加える。
4 茹で上がったマッロレッドゥスを加え、軽く煮込む。
5 仕上がり際にペコリーノ・サルドを加え混ぜ、皿に盛り、ペコリーノ・サルドをふる。

＊DOP(原産地呼称保護)に認定されている、羊乳のセミハード、ハードタイプのチーズ。すりおろして使うのはハードタイプ。しっかりとした塩味とピリッとした微かな辛みがある。

Malloreddus con salsiccia

エミリア・ロマーニャ州、マルケ州ほか
パッサテッリ・イン・ブロード

◆パッサテッリ(生麺・ショート／パン粉生地) ◆茹で時間：約2〜3分
◆ソースの系統：ブロード ◆フィニッシュ：パルミジャーノ・レッジャーノ

パン粉で作るスープパスタ

　パン粉と小麦粉、卵、牛乳、パルミジャーノ・レッジャーノで作った生地を専用の道具で押し出してひも状のパスタにしたものがパッサテッリ。ポロポロとした優しいテクスチャーが特徴の、エミリア・ロマーニャ州とマルケ州、そのほか中部イタリアでよく食べられる伝統料理だ。レモンの皮、ナツメグ、シナモンを加えるが、スパイシーに仕立てるのではなく、あくまでもほんのり効かせるのがポイント。寒い冬、熱々のブロードに浮かべて食べると体がじんわりと温まる。最近では、ブロードではなくソースや肉のラグーで和えたり、ウンブリア州北部ではバターとトリュフを絡めるのが人気だという。

※焼き色は浅く、外皮は硬く弾力がなく、中も弾力はないが柔らかいパン。市販のバゲットをフードプロセッサーなどで細かく挽いて代用してもよい。

パッサテッリの作り方
材料(作りやすい分量)
パン粉(エミリア地方伝統のパン※を挽く)……250g
牛乳……250ml
卵……2個
パルミジャーノ・レッジャーノ(すりおろす)……50g
小麦粉タイプ00……100g
塩……2g
ナツメグ、シナモン、レモンの皮(すりおろす)……各少々

1　パン粉に牛乳を加えて湿らせたら、すべての材料を加え、練る。
2　パッサテッリ専用の道具を生地の上に載せ、真下ではなくやや前方に押す。(A)
3　生地をひととおり押し出したら、残った生地をまとめて同じ作業を繰り返す。

A

仕上げ
材料(1人分)
パッサテッリ……30g
肉のブロード(P11)……180ml
a　塩、ナツメグ……各少々
パルミジャーノ・レッジャーノ(すりおろす)……適量

1　肉のブロードを小鍋に入れ、弱火にかけ、aを加えてひと煮立ちさせる。
2　パッサテッリを加え、浮き上がってきたら、器に盛る。パルミジャーノ・レッジャーノを添える。

Passatelli in brodo

エミリア・ロマーニャ州
ピサレイ・エ・ファゾー

◆ピサレイ（生麺・ショート／パン粉生地) ◆茹で時間：約10分 ◆ソースの系統：ミネストラ
◆主材料：ボルロッティ豆 ◆フィニッシュ：パルミジャーノ・レッジャーノ

硬くなったパンを利用したニョッキ

　エミリア・ロマーニャ州ピアチェンツァの農家で作られてきたパスタ。現代ではパン粉を使うが、そもそもは硬くなったパンの利用法。ピサレイという名前は、生地を棒状にしたところがビシャ（ヘビ）のようだからという説がある。ピアチェンツァではその昔、母親が息子の結婚相手に初めて会ったら、その女性の右手の親指を見て、変形しタコができていれば、ピサレイを上手に作れると判断して結婚を許したという。食べ方は、豆（方言でファゾー、イタリア語ではファジョーリ）のミネストラで煮込むというのが定番。農家では高価な肉は使うことはなかったので、ミネストラにはラルドとにんにく、イタリアンパセリなどを刻んで合わせたペーストを加えてコクを出していた。豆は白いんげん豆でもいいが、より田舎風の素朴な味わいのあるボルロッティがおすすめ。

ピサレイの作り方

1. パッサテッリ（P130）と同じパン粉の生地を作る。
2. 1時間ほど休ませた生地を適宜切り分け、一本ずつ転がして直径1cmほどの棒状にし、端から1〜1.5cm（茹でたボルロッティ豆と同じくらいの大きさ）に切る。
3. 親指をのせ、奥へと押し込むようにしてくぼみをつける。(A)

A

ミネストラと仕上げ

材料（2人分）
ピサレイ……100g
自家製ラルド・ペースト（P50）……15g
トマトソース（P8）……90ml
ボルロッティ豆（茹でたもの）……100g
塩、パルミジャーノ・レッジャーノ（すりおろす）、EVO……各適量

1. ラルド・ペーストをフライパンに入れ、弱火にかけて溶かす。ピサレイを茹で始める。
2. トマトソースを加え、ラルドが馴染んで艶が出てくるまで煮る。
3. ボルロッティ豆、あれば豆の茹で汁少々も加えて軽く煮る。
4. 茹で上がったピサレイを加えて煮込む。
5. ピサレイの表面が少し煮溶けて、ミネストラの濃度が増してきたら塩で味を調え、仕上がり際にパルミジャーノ・レッジャーノ、EVOを加えて煽り混ぜる。
6. 皿に盛り、パルミジャーノ・レッジャーノをふる。

Uno spunto dallo chef

ミネストラとパスタ・アシュッタ（ソースで食べるパスタ）の中間。好みで汁気を多めに仕立てても良い。

Pisarei e fasò

ラツィオ州

仔羊の白いラグーのピッツィコッティ

◆ピッツィコッティ(生麺・ショート／パン生地+小麦粉) ◆茹で時間：約10分
◆ソースの系統：ラグー ◆主材料：仔羊肉 ◆フィニッシュ：ペコリーノ　イタリアンパセリ

余ったパン生地をパスタに再生

　ピッツィコット（ピッツィコッティの単数形）とは、つねること。パン生地をつねるようにしてちぎるところからついた名前だが、パン生地に粉を増やして締まった生地にしているため、パンよりもずっともっちりとした食感である。牧羊が盛んなラツィオ州北部内陸のリエティ県の伝統料理なので、仔羊のラグーを合わせる。ローズマリーなど香りの強いハーブを効かせたラグーにペコリーノチーズをたっぷりふりかけると野趣溢れる味わいに。そのほか、にんにくと唐辛子を加えたトマトソースもよく合う。かつて、このパスタは、リエティ県で殉教したと伝えられる聖アナトリアを祀る儀式料理であった。現在は、コンティリアーノという村で毎年8月にピッツィコッティの祭りが開かれている。

ピッツィコッティの作り方

材料（作りやすい分量）
前日にaの分量で作ったパン生地(*1)……300g
a ┌ パン用準強力粉……400g
　├ 全粒粉……100g
　├ 酵母液(*2)……300g
　└ 塩……10g
小麦粉タイプ00……100g

1　発酵して緩んでいるパン生地に小麦粉を足して練り直し、やや硬めで締まった生地にする。
2　少し休ませた後、端からつまむようにして適当な大きさにちぎる。(A)

A

ソースと仕上げ

材料（1人分）
ピッツィコッティ……50g
仔羊の白いラグー(*3)……70g
ローズマリー(みじん切り)……少々
ペコリーノ(すりおろす)、EVO、イタリアンパセリ(刻む)……各適量

1　ピッツィコッティを茹で始める。
2　仔羊のラグーをフライパンに入れ、ローズマリーを加えて弱火にかける。煮詰まりすぎてパスタにうまく絡まないような状態だったら、水を適量加える。
3　茹で上がったピッツィコッティを加え、ペコリーノ、EVOを加えて煽り混ぜる。
4　皿に盛り、ペコリーノをふり、イタリアンパセリを散らす。

*3 仔羊の白いラグー

材料（作りやすい分量　約20人分）
仔羊挽き肉(粗挽き)……1kg
a ┌ 基本のソフリット(P9)……300〜400g
　├ 白ワイン……200ml
　├ 基本のブロード(P11)……500ml
　└ ブーケガルニ(ローズマリー、セージ各1本、タイム数本)
塩、EVO……各適量

1　仔羊挽き肉に塩を加え混ぜ、EVOをひいた鍋で炒める。
2　aを加えて煮込む。もし煮詰まりすぎて肉が液面から出て乾いてしまったら、水を加えて調整する。

134 ── Pasta Fresca

Pizzicotti al ragù bianco d'agnello

＊1　aの生地のパンの作り方
材料をすべて合わせて練り、ひとまとめにする。ボウルに入れてラップなどで覆い、発酵が始まって約3時間経過したら練り返す。再び膨らみ始めたら冷蔵庫に移し、一晩ゆっくり発酵させる。翌日常温に戻し、成形発酵後、220〜230℃のオーブンで約40〜50分焼く。ハードタイプのリーンなパンが出来上がる。

＊2　酵母液の作り方
よく殺菌した密閉容器に適宜切ったりんご1/2個、レーズン50g、水500mlを入れ、4〜5日間常温で発酵させる。パン作りに使った残りは漉して、新たにりんご、レーズン、水を適量足して、冷蔵庫で保存。毎日、漉して足す作業を続ければいつでも使用可能だが、雑菌が繁殖したら廃棄して、新たに作ること。

エミリア・ロマーニャ州ほか
パスタ・ラーザの内臓ソース

◆パスタ・ラーザ（生麺・ショート／パン粉生地）　◆茹で時間：約3分　◆ソースの系統：ラグー
◆主材料：豚モツ　◆フィニッシュ：パルミジャーノ・レッジャーノ　イタリアンパセリ

パン粉生地をチーズおろしで削る

　チーズおろしで削るパスタの歴史は古く、15世紀の宮廷料理人マエストロ・マルティーノ・ダ・コモの料理書にも登場する。イタリア全国に見られ、呼び名もミンニャクリス（フリウリ・ヴェネツィア・ジューリア州）、グラッディーニ（エミリア・ロマーニャ州）、トゥリッディ（プーリア州）など、さまざま。ほとんどは、スープに浮かべて食べるパスタで、このパスタ入りのブロードが結婚式などの祝い事には欠かせないという地方も少なくない。ここでは、エミリア・ロマーニャ州の作り方に習い、パッサテッリ（P130）、ピサレイ（P132）と同じ生地をベースに、やや粉の量を増やして硬めの生地にしている。一から作るのはやや手間がかかるが、その昔は残ったパンを無駄にしないために編み出された料理法だ。そして、この素朴な昔ながらのパスタには、豚の内臓と野菜の煮込みで作る、クラシックなラグーを合わせる。というのも、トマトがイタリア料理に入ってくる以前の時代の、正肉を口にすることなど滅多になかった庶民の料理だからだ。見た目は地味だが、大地に根ざした濃い味わいを感じるパスタである。

パスタ・ラーザの作り方

1. パッサテッリ（P130）を参照して、小麦粉タイプ00のみ130～150gに増やし、生地を作る。
2. 硬く締まった状態になったら、チーズおろしですりおろす。(A) チーズおろしは目の粗い面を使う。(B)

A

B

Pasta rasa al ragù di frattaglie di maiale

ソースと仕上げ

材料（1人分）

パスタ・ラーザ……60g
パンチェッタ……30g
野菜と内臓の煮込み（＊）……80g
a ┌ レモンの皮（すりおろす）……少々
　└ レモンの絞り汁……1/8個分
b ┌ パルミジャーノ・レッジャーノ（すりおろす）、
　└ イタリアンパセリ（刻む）……各適量

1 フライパンで7〜10mm角にカットしたパン
　チェッタをソテーし、余分な脂を捨てる。

2 野菜と内臓の煮込みを1に加え、水70mlも
　加える。

3 aを加え、パンチェッタの味と内臓の煮込み
　の味が馴染むまで弱火で約10分くらい煮る。
　パスタ・ラーザを茹で始める。

4 茹で上がったパスタ・ラーザを加え、よく混
　ぜる。

5 皿に盛り、bをふる。

＊野菜と内臓の煮込み

材料（作りやすい分量　約25人分）

豚の内臓各種（小腸、大腸、直腸、胃袋、ハツ各
　1kg、肺、食道管各500g）
ラード……100g
a ┌ 基本のソフリット（P9）……500g
　│ 白ワイン……300ml
　│ レモン……1/2個
　│ ブーケガルニ（ローリエ2枚、ローズマリー、
　└ セージ各2本、タイム5本）
酢、サラダ油、塩……各適量

1 寸胴鍋にたっぷりの湯を沸かし、酢をひと回
　し入れる。

2 内臓類のうち小腸、大腸、直腸はそれぞれ1
　で湯通しして冷水で洗い、ヌメリをとる（で
　きれば茹で湯はその都度換える方がよい）。

作業台に移し、包丁などで余分な脂をこそげ
て取り除き、2cmくらいの大きさにそれぞ
れ切る。

3 食道管は1で湯通しして掃除したら管と軟
　骨を分け2よりも少し小さめに切る。

4 肺はしっかりと中のアクを出しきるまで1で
　茹で、よく洗ってから2と同じくらいの大き
　さに切る。

5 胃袋は水でよく洗ってから1で湯通しし、再
　び水洗いしてヌメリをよく洗い流し、2と同
　じくらいの大きさに切る。

6 ハツは生のまま開いて血や血管を掃除し、2
　と同じくらいの大きさに切る。

7 フライパンにサラダ油を熱し、下ごしらえし
　た2〜6の内臓類にそれぞれ塩をふりなが
　らソテーし、軽く焼き色をつけながらさらに
　余分な脂を落とす。炒めた際のサラダ油は
　しっかり切る。

8 大きな鍋にラードを入れて弱火にかけて溶
　かし、7を入れ、さらに焼き色をつけたらa、
　浸るくらいの水を加え内臓類が柔らかくな
　るまで弱火で2時間以上煮込む。途中アクを
　取り除く。煮詰まりすぎて内臓類が液面より
　出て乾いてしまったら、差し湯する。

9 内臓類が柔らかくなり、全体に味が馴染んだ
　ら塩で味を調える。

マルケ州
クレスク・タイェのサルシッチャと豆のソース

◆クレスク・タイェ（生麺・ショート／ポレンタ＋小麦粉）　◆茹で時間：約7〜8分
◆ソースの系統：トマトソース　◆主材料：サルシッチャ　ボルロッティ豆
◆フィニッシュ：ペコリーノ　パルミジャーノ・レッジャーノ　ローズマリー

残ったポレンタをパスタに仕立てる

　マルケ州北部のペーザロ、ファーノとその近郊で作られてきた伝統パスタ。クレスク・タイェという言葉は方言で、イタリア語ではクレッシェ・タリアーテ（切ったクレッシェ）。小麦粉と水、ラード、塩で作るマルケ州北部の薄焼きパンをクレッシアと呼び、地域によっては小麦粉の代わりにとうもろこしの粉を使う。このパスタは、ポレンタの残り、時には鍋の底や鍋肌に張り付いたポレンタを剥がして小麦粉と混ぜ合わせて作ったという、農家の始末料理。見た目がクレッシアに近いことから、その名がついたと考えられる。とうもろこし粉の粒々が独特の食感をもたらす滋味深いパスタである。農家では、ポレンタにはラルドや野草を添えて食べることから、このパスタも本来はそういった貧しい素材のソースで食べていた。基本的にどんなソースとも相性がいいが、トマトやサルシッチャ、チーズ、豆など、味のしっかりとした素材との組み合わせがよい。ポレンタを作るのが面倒に思えるかもしれないが、多めに作って余った時に試してみてはどうだろう。

クレスク・タイェ（ポレンタ入りパスタ生地）の作り方

材料（作りやすい分量）

小麦粉タイプ00……300g
ポレンタ（＊）……150g
卵……1個
塩……5gくらい

1　小麦粉をボウルに入れ、ポレンタを加えてスケッパーで切りながらほぐし、混ぜる。(A)
2　ポレンタが小麦粉と馴染んだら、手で混ぜる。
3　手ですり混ぜるようにして細かいそぼろ状にする。(B)
4　小麦粉とポレンタが均一に混ざったら、卵をよく溶きほぐして加え、塩も加える。
5　ゴムベラで切るようにしてよく混ぜる。(C)
6　卵液が全体に行き渡り、しっとりしたら、手で握るようにまとめていく。練るというよりも、押しまとめるようにして、全体をひとかたまりにしていく。(D)
7　均一で滑らかなひとかたまりになったら霧を吹いてラップで覆うかビニール袋に入れて30分ほど休ませる。この作業をあと2回繰り返して生地を完成させる。
8　休ませた生地をめん棒で2〜3mm厚さに延ばし、10分ほど休ませてグルテンを落ち着かせる。
9　パスタカッターで3cm幅の帯状にカットし、さらに斜めにカットしてひし形にする。

A
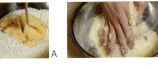
B

C

D

＊ポレンタの作り方

材料（作りやすい分量）

とうもろこし粉……150g

a ┌水……300ml
　└牛乳……300ml

b ┌パルミジャーノ・レッジャーノ（すりおろす）
　│　……30g
　└バター……10g

塩……適量

1 鍋にaを入れ沸騰直前まで温め、塩ひとつまみを入れる。

2 1の中をよくかき混ぜながら、真上から雨をふらすように少しずつとうもろこし粉をふり入れていく。

3 木べらなどを鍋の底や側面によく当てながら練り、蓋をして暖かいところで蒸らす。何度か再加熱をしながら練って蒸らす、を繰り返す。常に暖かい状態を保ち、しっかりとうもろこし粉に水分を吸わせていく。

4 仕上げにbを加え塩で味を調える。

ソースと仕上げ

材料（1人分）

クレスク・タイェ……60g

EVO……30ml

サルシッチャ（P11）……65g

トマトソース（P8）……70ml

ボルロッティ豆（茹でたもの）……25g

ボルロッティ豆の茹で汁、ローズマリー、フェンネルシード（刻む）、ペコリーノ、パルミジャーノ・レッジャーノ（ともにすりおろす）、EVO……各適量

1 フライパンにEVO、崩したサルシッチャを入れ、色づくまで炒める。クレスク・タイェを茹で始める。

2 1のフライパンの余分な油を捨て、トマトソースとパスタの茹で汁70mlを加える。

3 ボルロッティ豆と、豆の茹で汁、ローズマリー各少々も加え、煮込む。途中で水70ml、フェンネルシードも加える。

4 サルシッチャの脂がなじんで艶が出て、濃度も適度についたら、茹で上がったクレスク・タイェを加え混ぜ、ペコリーノ、パルミジャーノ・レッジャーノ、EVOを加え混ぜる。

5 皿に盛り、ペコリーノ、パルミジャーノ・レッジャーノをふり、ローズマリーをあしらう。

Uno spunto dallo chef

生地の卵の量、塩の量はそれぞれ目安で、ポレンタの柔らかさや塩味に応じて加減する。ポレンタのおかげでしっとりしてまとまりやすいので、休ませて練る回数は白いパスタ生地や卵入りパスタ生地よりも少ない。この生地のポレンタは、煮込み料理の付け合わせのようなとろりとした感じではなく、焼いたり揚げたりするために型に流して固めるタイプ。柔らかい状態ではクレスク・タイェ生地を作る際のつなぎの小麦粉が多く必要となり、せっかくのとうもろこしの風味を隠してしまう。

Cresc tajat con salsiccia e fagioli borlotti

トレンティーノ・アルト・アディジェ州
鹿のラグーのシュペツレ

◆シュペツレ(生麺・ショート／ビーツ+小麦粉生地) ◆茹で時間：湯に落とした生地が浮き上がるまで
◆ソースの系統：ラグー ◆主材料：鹿肉 ◆フィニッシュ：パルミジャーノ・レッジャーノ

やわらかな生地を茹でて固める

ピンク色の不揃いなパスタに鹿肉のラグーを添えた、風変わりな見た目のひと皿。シュペツレは、イタリア、ドイツ、オーストリアにまたがる南チロル地方の伝統料理で、ニョッキの仲間だが生地は非常に緩く、湯や熱いブロードに直接滴下させて固めるという作り方も独特である。ジビエの煮込み料理の付け合わせとすることが多いが、ここではパスタをメインに鹿肉ラグーを絡めるイメージに仕立てた。ビーツを使ったほのかに甘いシュペツレに、風味の強い赤身肉をシナモン、クローブなどでスパイシーに仕上げたラグーがよく合う。同じようにシュペツレをメインにするなら、熱したバターの中に直接生地を落として固めてチーズをまぶし、ブロードをかけて食べるという方法もある。よりシンプルで、シュペツレのつるっとした食感が味わえる。

ビーツのシュペツレの作り方

材料(作りやすい分量)
ビーツのピュレ(＊1)……150g
a ┌ 小麦粉タイプ00……150g
  └ 塩……3g
牛乳……75ml
卵……2個

1 ビーツのピュレにa、牛乳の順に加え混ぜ、卵を一個ずつ加え混ぜる。持ち上げたヘラからたらーっと垂れるくらいの緩い生地に仕立てる。
2 鍋に湯を沸かし、パスタを茹でる時と同様の塩(分量外)を加える。別に氷水を用意する。氷水にも塩(分量外)を少し入れておくと、シュペツレから塩が抜けるのを防げる。
3 シュペツレ専用の道具を2の鍋にかけ、四角い枠に生地を流し込む。(A)
4 枠を前後に動かして生地を湯の中に落とす。
5 浮かび上がってきたらザルで掬い、氷水につける。冷めたら、氷水からあげて水を切っておく。

A

ソースと仕上げ

材料(1人分)
シュペツレ……80g
a ┌ バター……30g
  └ エストラゴン……適量
鹿肉のラグー(＊2)……100g
基本のブロード(P11)……70ml
b シナモン、クローブ、黒胡椒、バター……各適量
塩、パルミジャーノ・レッジャーノ(すりおろす)
  ……各適量

1 フライパンにaを入れて弱火にかけ、バターを溶かす。
2 小鍋に鹿肉のラグーを入れて弱火にかけ、ブロードを加え、さらにbも加えて軽く煮る。
3 1にシュペツレを加えてバターを絡める。塩、水少々も加える。
4 皿に3を盛り、2のラグーをかけ、パルミジャーノ・レッジャーノをふる。

＊1ビーツのピュレ
ビーツをアルミホイルで包んでオーブンで柔らかくなるまで蒸し焼きにし、ミキサーにかける。

＊2鹿肉のラグー
基本のラグーの作り方(P10)を参照して、豚肉を鹿肉に代えて作る。鹿肉の代わりに脂の少ない牛肉でもよい。

142 —— Pasta Fresca

Spätzle

トレンティーノ・アルト・アディジェ州

カネーデルリ

◆カネーデルリ(生麺・ショート／パン+牛乳)　◆茹で時間：約7〜8分
◆ソースの系統：肉のブロード　◆フィニッシュ：シブレット　グラナ・パダーノ

南チロル名物、具材入りパンのニョッキ

　ブロードに浮かべて食べるスープ仕立てのカネーデルリ。別名パンのニョッキとも呼ばれ、トレンティーノ・アルト・アディジェ州を中心とするアルプス山麓地方の伝統料理である。標高が高く、平地のような農業が出来ないこの地方では、パンにする粉は貴重品であり、パンを焼く機会も非常に限られていた。一度にたくさん焼いて保存したパンは当然硬くなる。それをふやかして、ほかの材料と混ぜ合わせて団子にしたものがカネーデルリである。イタリアだけでなく、南ドイツ、オーストリアの山岳地方などにもクヌーデルと呼ばれる同様の料理があるが、テニスボール大くらいの大きなもので、まさに主食といった迫力である。

　基本の生地にスペック(南チロル伝統の燻製生ハム)や生ハム、ハーブ、チーズ、きのこを混ぜるなど、いろんなバリエーションがあるが、そもそもは少しずつ残った食材を始末するために混ぜ込んだのが始まり。また、小麦粉の代わりにそば粉やじゃがいもを使うこともある。

カネーデルリの作り方

材料(作りやすい分量)
パン(＊)の白い部分……300g
牛乳……150ml
ほうれん草……25g
スペック……50g
グラナ・パダーノ(すりおろす)……30g
卵……1個
玉ねぎのソフリット(P9・みじん切り)……10g
ナツメグ、シナモン、塩、胡椒……各適量

1　パンの白い部分を手で小さくちぎり、牛乳を加えて柔らかくする。
2　ほうれん草は塩茹でしてよく絞り、細かく刻む。スペックも小さく刻む。
3　1と2、ほかの材料を全て合わせてよく練り合わせ、直径2〜3cmくらいの団子にする。

＊パンはカンパーニュのような田舎パンがよい。

仕上げ

材料(1人分)
カネーデルリ……60g
肉のブロード(P11)……180ml
レモンの皮(すりおろす)、グラナ・パダーノ(すりおろす)、シブレット(刻む)、EVO……各適量

1　肉のブロードをふつふつするくらいに沸かし、カネーデルリを入れて、中までしっかり温まるまで煮る。
2　仕上がり際にレモンの皮を加える。
3　器に盛り、シブレットを散らし、EVOを回しかけ、グラナ・パダーノをふる。

Canederli

モリーゼ州
モリーゼ式豚のラグーのラヴィオリ

◆ラヴィオリ(生麺・詰め物／セモリナ粉生地) ◆茹で時間：約10分 ◆フィリング：リコッタ
◆ソースの系統：ラグー ◆主材料：豚肉 ◆フィニッシュ：ペコリーノ　イタリアンパセリ

素材をふんだんに使った祝祭のひと皿

　リコッタを詰めたラヴィオリはイタリア全土で見られるベーシックな詰め物パスタ。イタリアで一番小さな州であるモリーゼは、隣のアブルッツォ州に似て羊の牧畜が伝統的な産業だが、実は、乳牛の飼育も非常に盛ん。羊乳製のペコリーノはそもそもよその土地に売るもので、地元では牛乳製のカチョカヴァッロやスカモルツァなどのチーズの方が身近な食材である。肉として食べるのはもっぱら豚。豚のラグーを添えたリコッタのラヴィオリはこの土地の一番のご馳走でもある。

ラヴィオリの作り方

材料(作りやすい分量)
セモリナ粉……500g
卵……250g
塩……10g

1 セモリナ粉のパスタ生地(P85)の作り方で、水の代わりに卵を使って生地を作り、1.5mm厚さくらいの長方形に延ばし、全体の半面に6〜7cm間隔で詰め物を絞り出す。
2 残した半面を詰め物(*)を絞り出した半面に被せる。(A)
3 空気を抜きながら生地同士を密着させる。(B)
4 好みの形のラヴィオリ用抜き型を使って抜く。(C)

*詰め物

材料(作りやすい分量　約30個分)
リコッタ(水気を切る)……200g
溶き卵……20g
ペコリーノ(すりおろす)……10g
塩、砂糖、ナツメグ、黒胡椒……各少々

すべての材料を混ぜ合わせる。

ラグーと仕上げ

材料(1人分)
ラヴィオリ……5個
豚肩ロース肉……120g
a　塩、アニスパウダー……各少々
玉ねぎのソフリット(P9)……10g
白ワイン……30ml
b ┌トマトソース(P8)……140ml
　└唐辛子(小)……1個
EVO、ペコリーノ(すりおろす)、イタリアンパセリ(刻む)……各適量

1 豚肩ロース肉は1.5cm角切りにし、aをまぶす。
2 小鍋にEVOを入れ、中火にかけ、1を入れてソテーする。
3 肉に焼き色がついたら、玉ねぎのソフリットを加える。
4 白ワインを加えてアルコールを飛ばし、bを加え、水を肉がかぶるくらいに加える。トマトソースに肉とスパイスの味がしっかりなじみ、かつ、煮詰まりすぎて脂が分離する一歩手前まで煮る。この間にラヴィオリを茹で始める。
5 茹で上がったラヴィオリを皿に盛り、4のラグーをかけ、ペコリーノをふり、イタリアンパセリを散らす。

A

B

C

Ravioli di ricotta al ragù di maiale alla molisana

Uno spunto dallo chef

この一皿は、羊文化のイメージに反して、リコッタは牛乳製、ラグーも豚肉で、人々が親しんできた日常的な食材ばかりで作られるものだが、詰め物パスタの多くに共通する伝統に違わず、かつては祝祭の日や、日曜日の食卓にのぼるものだった。 カンポバッソ（モリーゼ州の州都）のオステリアで提供されたこの仕立ては、豚肉にほのかにアニスを効かせた味わいが印象的で、重くなりがちなラグーに清涼感を与えていた。伝統的な手法というものではないと思うが、モリーゼでの思い出として時折再現している。

フリウリ・ヴェネツィア・ジューリア州
チャルソンス

◆チャルソンス(生麺・詰め物/小麦粉生地) ◆茹で時間:約12〜13分 ◆フィリング:じゃがいも リコッタ ◆ソースの系統:バター ◆フィニッシュ:リコッタ・アフミカータ ミント

オリエントの香り漂う甘いパスタ

じゃがいもとリコッタにいちじくやヘーゼルナッツ、レーズン、ココアなどを混ぜて詰め物にし、出来上がったパスタはシナモンバターソースに絡めるという、パスタというよりもお菓子に近いかもしれない不思議なパスタ、チャルソンス。フリウリ・ヴェネツィア・ジューリア州ウディネ県の北西部、カルニア地方の伝統パスタであり、同地ではクリスマス・イブ、復活祭など祝祭の食卓に欠かせない料理である。形は半月型、もしくは、丸い生地を二枚重ねた円盤型で、詰め物の材料は土地によって変わり、リコッタ、ハーブ、ライ麦パン、ポレンタ、ロースト玉ねぎ、レーズン、ドライいちじく、プラム、りんご、シナモン、レモンの皮、ビスコッティ、チョコレートなど無数のバリエーションがある。現地では、パスタ生地は薄いほどよいとされ、薄く延ばせば延ばすほど翌年は麻がよく成長するという言い伝えもある。

チャルソンスの作り方

材料(作りやすい分量)
小麦粉タイプ00……500g
水……230ml
にがり(水に加えて溶かしておく)……10g
塩……10g

1. 基本の白いパスタ生地(P84)を作る。
2. 生地をごく薄く延ばし、直径6cmの丸型で抜く。
3. 詰め物(＊1)を生地の上に絞り出し、二つ折りにする。(A)
4. 詰め物の周りを抑えて空気を抜きながら生地同士を密着させる。
5. 端から生地の縁を詰め物側に折り込んでいく。(B)
6. 最後は余分をねじり切って留める。

A

B

＊1詰め物

材料(作りやすい分量　約70個分)
じゃがいも……300g
リコッタ……100g
玉ねぎ……25g
バター……50g
a ┌ドライいちじく……30g
　├ヘーゼルナッツ……10g
　└レーズン……15g
カルーバパウダー(＊2)……10g
ココアパウダー……5g
シナモン……1.5g
グラッパ(樽熟していないもの)……5ml
塩、ミントの葉……各適量

1. じゃがいもは蒸して皮をむいてつぶし、ガーゼに包み重しをして一晩水抜きをしたリコッタを加え、熱いうちによく練る。
2. 小鍋に皮をむいただけの玉ねぎ、バターを熱し、玉ねぎ風味の焦がしバターを作り、玉ねぎを取り除いて1に加える。
3. aを刻み、ほかの材料とともに2に加え、混ぜ合わせる。

＊2カルーバパウダー
カルーバ(イナゴマメ)の実を粉末にしたもの。入手できない場合はココアパウダーで代用。

Uno spunto dallo chef

ソースを作る際、水の代わりにパスタの茹で汁を使うと、その塩分が油脂(バター)と出会って強く出る傾向があるので、水の方がよい。

Cjarsons

ソースと仕上げ

材料(1人分)

チャルソンス……6〜7個
バター……30g
a　シナモン、砂糖、塩……各少々
リコッタ・アフミカータ(すりおろす)、ミント
　　……各適量

1　チャルソンスを茹で始める。
2　フライパンにバターを入れ、弱火にかけ、軽く色づいたら、水70mlを加える。
3　2にaを加えてひと煮立ちさせたら、茹で上がったチャルソンスを加え、和える。
4　皿に盛り、リコッタ・アフミカータをふり、ミントの葉を散らす。

サルデーニャ州
クルルジョネス、オレンジ風味のトマトソース

◆クルルジョネス(生麺・詰め物/小麦粉生地) ◆茹で時間:約12〜13分 ◆フィリング:じゃがいも リコッタ ◆ソースの系統:トマトソース ◆フィニッシュ:ペコリーノ ミント

麦の穂のような閉じ目が美しい

丸い生地に詰め物を乗せて二つ折りにし、縁を折り込んでいくところが、さながら餃子のようにも見えるクルルジョネス。違いは、生地の縁を立たせるのではなく、編み込むようにするところ。麦の穂のような美しい模様がこのパスタの特徴だ。中身は、じゃがいも、リコッタ、ペコリーノ・サルド、そしてミント。中も外も真っ白なので、鮮やかな赤いトマトソースがよく映える。サルデーニャ州の伝統パスタであるクルルジョネスの由来は未だ不明だが、一説によれば、サルデーニャの方言で革製の袋を指すクッレウスから派生したという。砂糖やドライフルーツを使ってドルチェに仕立てることもある。もともとは、8月15日の被昇天祭や11月2日の死者の日など特別な祝祭の料理だったが、今では一年中作られ、現地のパスタ専門店やスーパーでも売られている。

5 奥の生地を内側に折り込み、次に手前を内側に折り込む。(C)
6 この作業を繰り返して編み込み模様を作っていく。(D)
7 最後は生地をつまんで留める。(E)

A

B

C

D

E

クルルジョネスの作り方
材料(作りやすい分量)
小麦粉タイプ00……500g
水……230ml
にがり(水に加えて溶かしておく)……10g
塩……10g

1 基本の白いパスタ生地(P84)を作る。
2 生地をごく薄く延ばし、10分ほど休ませた後、直径7〜8cmの丸型で抜く。
3 それぞれの生地の上に詰め物(*)を絞り出し、真ん中で二つ折りにする。(A)
4 片側の端を内側に折り込む。(B)

*詰め物
材料(作りやすい分量 約50個分)
じゃがいも……500g
リコッタ(あれば羊乳製)……125g
a ┌ ペコリーノ・サルド(熟成したもの、すりおろす)……30g
  └ ミントの葉(ちぎる)、塩……各適量

1 じゃがいもに串がスッと通るまで蒸し器で蒸すか、アルミホイルで包んでオーブンで焼く。
2 皮をむき、ボウルに移し、木べらなどでよくつぶす。
3 布で包んで重しをして水を抜いたリコッタ、aを加えて混ぜる。

Culurgiones

ソースと仕上げ

材料（1人分）

クルルジョネス……3～5個（大きさによる）
トマトソース（P8）……70ml
a ┌ オレンジの皮（すりおろす）、塩、EVO……
  └ 各少々
ペコリーノ（すりおろす）、ミント……各適量

1 クルルジョネスを茹で始める。
2 トマトソースをフライパンに入れて弱火にかけ、aを加えてひと煮立ちさせる。
3 茹で上がったクルルジョネスを皿に盛り、2のソースをかけ、ペコリーノをふり、ミントの葉を散らす。

ピエモンテ州
アニョロッティ・デル・プリン

◆アニョロッティ(生麺・詰め物/卵入り生地) ◆茹で時間:約5分 ◆フィリング:肉 ほうれん草
◆ソースの系統:バター ◆フィニッシュ:セージ パルミジャーノ・レッジャーノ

小粒な中に肉の旨味たっぷり

　2cm角ほどの小粒なアニョロッティは、タヤリン(P182)と並ぶ、ピエモンテ州の代表的な手打ちパスタ。デル・プリン(もしくはダル・プリン、コル・プリン)とは、"つねって閉じた"という意味。詰める中身はさまざまで、豚肉や仔牛肉のほか、野生のハーブを数種類組み合わせたり、仔牛の胸腺肉や脳みそを加えたり、ロバ肉を使ったり、ちりめんキャベツや米を加えるところもある。ソースは、肉のローストのフォンのほか、赤ワインを煮詰めたソースを合わせる地域もある。一般的なのは、仔牛とそのほかの肉を混ぜた詰め物で、セージバターを絡める方法。小粒で味わい強く、シンプルなのに満足度は高い。

アニョロッティの作り方

材料(作りやすい分量)
小麦粉タイプ00……500g
卵……5個
塩……10g

1 卵入りパスタ生地(P86)を作り、生地をパスタマシーンまたはめん棒でごく薄く延ばして幅8cmほどの帯状にカットし、詰め物(＊)を少量ずつ3cm間隔で絞り出す。
2 詰め物を被せるように端から二つ折りにし、詰め物の周囲を押さえて生地同士を密着させる。(A)
3 閉じ目の辺をギザ刃のパスタカッターでカットし、さらに一個ずつカットする。(B)

＊詰め物

材料(作りやすい分量　約100個分)
牛、仔牛、豚、鶏の焼き物や煮込みなど加熱した肉の端材……500g
ほうれん草……1束(100g)
パルミジャーノ・レッジャーノ(すりおろす)……50g
卵……1個
塩、生クリーム、胡椒、ナツメグ、シナモン……各少々

1 肉類をフードプロセッサーで細かくし、ほうれん草は軽く塩茹でしてよく絞ったものを包丁で細かく刻む。
2 1をボウルに移し、ほかの材料とともによく練り合わせ、少し休ませて味をなじませる。

仕上げとソース

材料(1人分)
アニョロッティ……8個
a ┌バター……20g
　└セージの葉……1枚
パルミジャーノ・レッジャーノ(すりおろす)……適量

1 アニョロッティを茹で始めたら、フライパンにaを入れて弱火にかけてバターを溶かす。

A

B

Agnolotti del plin

2 茹で上がったアニョロッティを加えて和え、パルミジャーノ・レッジャーノ少々を加え混ぜる。

3 器に盛り、好みでセージ（分量外）を添えたり、パルミジャーノ・レッジャーノをふる。

Uno spunto dallo chef

伝統的には乾いた布巾で包んで冷めないように供する。

エミリア・ロマーニャ州
ピアチェンツァ式トルテッリ

◆トルテッリ(生麺・詰め物／卵入り生地) ◆茹で時間：約12～13分
◆フィリング：リコッタ　ほうれん草　◆ソースの系統：トマトソース　◆フィニッシュ：セージ

尻尾がついた編み込みパスタ

　平行四辺形にカットした生地にリコッタとほうれん草のフィリングをのせ、生地を左右からかぶせながら編み込み模様に。端はエビの尻尾のようにするのが独特なこのパスタは、エミリア・ロマーニャ州ピアチェンツァのご当地もの。トルテッリ・コン・ラ・コーダ(尻尾のついたトルテッリ)とも呼ばれる。編み込みながら閉じるためパスタ生地はごく薄く延ばし、フィリングはリコッタとビエトラかほうれん草などの葉野菜、ソースは溶かしバターとチーズのみ、というのが現地の伝統。最近はトマトソースやラグーなどを合わせることも少なくない。このパスタの故郷であるピアチェンツァ郊外のヴィゴルゾーネ村では、毎年7月後半の週末に、フェスタ・デル・トルテッロが開催されている。

トルテッリの作り方

材料(作りやすい分量)
小麦粉タイプ00……500g
卵……5個
塩……10g

1. 卵入りパスタ生地(P86)を作り、パスタマシーンでごく薄く延ばし、幅8cmほどの帯状に切り、さらに斜めに切って平行四辺形にする。
2. 詰め物*をやや細長く絞り出す。(A)
3. 角の1つを先端にして、両サイドの生地を交互に詰め物に被せ、編み込み模様にする。(B)
4. 包み終わったら端を指で軽く押さえて生地を密着させ形を整える。(C)

A

B

C

＊詰め物

材料(作りやすい分量　約50個分)
リコッタ……500g
ほうれん草(茹でてしっかり水気を絞る)……100g
パルミジャーノ・レッジャーノ(すりおろす)……50g
卵……1個
塩……適量
ナツメグ、シナモン、黒胡椒……各少々

1. リコッタをさらしなど布で包んで重しをして一晩水を抜く。
2. 1とほかの材料をボウルでよく混ぜる。

Tortelli piacentini

ソースと仕上げ

材料（1人分）

トルテッリ……2〜5個（大きさによる）
トマトソース（P8）……70ml
バター……35g
塩……少々
セージの葉……適量

1. トルテッリを茹で始め、小鍋にトマトソース、バター15g、塩を入れ、弱火にかけて軽く煮詰める。
2. フライパンにバター20g、セージの葉1枚を入れて弱火で溶かし、茹で上がったトルテッリを加えて絡める。
3. 皿にトマトソースを敷き、トルテッリをのせ、刻んだセージの葉を散らす。

エミリア・ロマーニャ州ほか

かぼちゃのカッペッラッチ、フェッラーラ式馬のラグー

◆カッペッラッチ（生麺・詰め物／卵入り生地）◆茹で時間：約8分◆フィリング：かぼちゃ
◆ソースの系統：ラグー◆主材料：馬肉◆フィニッシュ：パルミジャーノ・レッジャーノ

領主エステ家好みの詰め物パスタ

　かぼちゃを蒸して、パルミジャーノ、砂糖、ナツメグなどで味付けした甘いフィリングのパスタは、エミリア・ロマーニャ州フェッラーラの領主エステ家の宮廷料理として誕生した。カッペッラッチとは、粗末な帽子（カッペッロ）のこと。ルネサンスの時代、エステ家に使える料理人が考案した料理とされ、同地の農民がかぶる麦わら帽子の形を模したという。正方形の生地に具をのせて三角または四角に二つ折りし、両端をくっつけて帽子のような形にする。フェッラーラでは、フィリングにかぼちゃを使うのが伝統で、それもバルッカと呼ばれる品種でなければならない。バルッカは、フェッラーラに近いヴェネト平野の特産物で、18世紀のヴェネツィアの喜劇作家ゴルドーニの作品で焼きかぼちゃとして取り上げられるほど、広く親しまれた野菜だった。このパスタのフィリングにする場合もオーブンで焼いてから、パルミジャーノ・レッジャーノ、塩、砂糖、ナツメグ、などを加えてペーストにする。甘く味つけるところが、贅沢な宮廷料理らしい。そして、パスタに合わせるのは、肉、特に馬肉のラグーというのが習わしで、すりおろしたパルミジャーノ・レッジャーノをたっぷりかけて味わう。ちなみに、ロンバルディア州マントヴァも、かぼちゃのトルテッリが名物。こちらはゴンザーガ家の宮廷料理として生まれ、四角い形で、アマレッティ*1やモスタルダ*2などをフィリングに加えてやはり甘く仕立てる。ラグーは添えず、溶かしバターをソースとして、肉を食べないクリスマス・イブやそのほかのカトリックの行事食としても受け継がれてきた。それぞれに歴史があるかぼちゃの詰め物パスタをめぐっては今もなお、フェッラーラとマントヴァの間でどちらが真正のご当地なのかの議論が続いているという。

*1　アーモンドパウダーを使ったビスコッティ。
*2　辛子で風味づけた果物の砂糖漬け。

中世のフェッラーラを統治した領主エステ家の城。

Cappellacci di zucca con ragù ferrarese

カッペラッチの作り方

材料（作りやすい分量）
小麦粉タイプ00……500g
卵……5個
塩……10g

1. 卵入りパスタ生地（P86）を作る。
2. 生地をパスタマシーンで薄く延ばし（厚さ1mmくらい）、8cm×8cmにカットする。
3. 詰め物（＊1）を丸く絞り出す。(A)
4. 二つ折りし、詰め物の周囲を押さえて生地を密着させる。
5. 折山以外の三辺をギザ刃のパスタカッターでカットし、折山の両端をくっつける。(B)

＊1 詰め物

材料（作りやすい分量　約50個）
かぼちゃ……500g
レモンとオレンジの皮（すりおろす）……各少々
パルミジャーノ・レッジャーノ（すりおろす）……30g
ナツメグ、シナモン、塩、砂糖……各適量

1. かぼちゃの種を取り除き、蒸し器で蒸すか、アルミホイルで包んでオーブンで串がスッと通るまで蒸し焼きにする。
2. 1の皮を取り除き、木べらでよく混ぜながらほかの材料を加える。
3. かぼちゃに残った水分によって、パン粉や生クリーム（ともに分量外）で硬さの調整をする。

ソースと仕上げ

材料（1人前）
カッペッラッチ……5個
フェッラーラ式馬肉ラグー（＊2）……90g
a　バター、ローズマリー（みじん切り）……各少々
パルミジャーノ・レッジャーノ（すりおろす）……適量

1. カッペッラッチを茹で始める。
2. フェッラーラ式馬肉ラグーをフライパンに入れて弱火にかけ、aを加えて軽く煮る。
3. パルミジャーノ・レッジャーノ少々を加え、茹で上がったカッペッラッチを加えて和える。
4. 皿に盛り、パルミジャーノ・レッジャーノをふる。

＊2 フェッラーラ式馬肉ラグー
基本のラグー（P10）を元に、肉を馬肉（肩肉やすね肉などのスジの多い赤身の部位）に代え、黒胡椒、シナモンのほかに、クローブ、ナツメグを好みの分量で加え、仕上がり際にバルサミコ酢をひとふり加える。

エミリア・ロマーニャ州
タリアテッレのラグー・ボロニェーゼ

◆タリアテッレ（生麺・ロング／卵入り生地） ◆茹で時間：約5分
◆ソースの系統：ラグー ◆主材料：牛肉　豚肉 ◆フィニッシュ：パルミジャーノ・レッジャーノ

ボローニャの食を代表するパスタ

　イタリアの手打ちロングパスタで最もベーシックなのが、タリアテッレ。幅は1cm未満。タリアテッレよりも細いものがタリオリーニ（タリエリーニ）、太いものがパッパルデッレと一般的に区別されている。ボローニャから西のエミリア地方では、たたみ1畳ほどもある木の台と長さ80cm以上のめん棒を使って生地をごくごく薄くのばす。その薄さは、下に置いた新聞紙が読めるほど、あるいは、窓にかざすと外の景色が見えるほどでなければならないという。発祥の地はボローニャとされているが、その起源は不明。

　1501年、3度目の夫となるフェッラーラの領主エステ家のアルフォンソ1世の元へと輿入れに向かうルクレツィア・ボルジア（教皇アレッサンドロ6世の娘でチェーザレ・ボルジアの妹）がボローニャに立ち寄った。その際、街の有力者ベンティヴォリオ家のお抱え料理人が、ルクレツィアの見事な金髪をイメージしたパスタを作って祝宴に供したことがタリアテッレの始まりだという。しかし、それ以前から卵を使った黄金色のロングパスタは存在していたと考えられており、ルクレツィアの美しさを讃える一つのエピソードに過ぎないというのが本当のようである。

　タリアテッレの生まれ故郷と自負するボローニャでは、同地に本部があるイタリア料理アカデミー（Accademia Italiana della Cucina）が1972年、「茹でたタリアテッレの幅は8mm」と決め、これを逸脱するとタリアテッレの

本質が失われるとしている。さらに、茹で上がりに8mmであるためには、6.5mmから7mm幅で生地をカットする、と定めている。

　タリアテッレに合わせるのはラグー・ボロニェーゼと呼ばれるミートソースがお決まり。肉は粗挽き、トマトはあまり強く効かせず、香味野菜の甘みをしっかり引き出すのが味のポイントだ。赤ワインをたっぷり加えて煮込むのが一般的だが、白ワインであまり色をつけずにあっさり仕上げたり、牛乳を加えてマイルドに仕立てる方法もある。

159

タリアテッレの作り方

材料（作りやすい分量）

小麦粉タイプ00……500g
卵……5個
塩……10g

1. 卵入りパスタ生地（P86）を作り、30分以上休ませてから、作業を始める。
2. めん棒で押して広げる。(A)
3. 生地が柔らかくなってきたらめん棒を転がして生地を延ばしていく。
4. ある程度延ばしたら生地をめん棒に巻きつけ、90度回転させて生地を広げ、さらに延ばす。これを繰り返す。
5. しなやかなシーツのような薄さと質感を目指す。下に置いた文字が透けて見えるくらいの薄さが理想。(B)
6. 生地を適宜切り分け、生地を巻くように折りたたむのではなく、横から見るとS字状になるよう折りたたみ、端から幅1cm程度に切って、すぐに使う。あるいは、軽く打ち粉（分量外）をして1人分ずつに分けてゆるく丸め、冷蔵庫、あるいは冷凍庫で保存する。

ソースと仕上げ

材料（1人分）

タリアテッレ……60g
a ┌ 基本のラグー（P10）……120g
　└ トマトソース……30ml
b ┌ ナツメグ……少々
　└ バター……5g
パルミジャーノ・レッジャーノ（すりおろす）……適量

1. フライパンにaを入れ、中火にかける。タリアテッレを茹で始める。
2. aがふつふつと沸いたら、bを加え、ひと煮立ちさせる。
3. 茹で上がったタリアテッレを加えて煽り混ぜ、パルミジャーノ・レッジャーノをふたつかみ加えてさらに混ぜる。乾いた感じであれば、水またはパスタの茹で汁適量を加えて調整する。
4. 皿に盛り、パルミジャーノ・レッジャーノをふる。

A

B

Uno spunto dallo chef

生地を延ばす時は、木の板を使うことで、余分な水分を木が吸って生地は程よくしなやかになる。生地はカットするとグルテンが切れて縮み、厚みが増すことを見越して、下に置いた文字が透けて見えるほどに生地を薄く延ばすこと。また、生地をタリアテッレなどにカットする時は、S字に生地を折りたたむとカットした後にほぐしやすい。料理の仕上げのナツメグを加える時に、好みでシナモンを加えてもよい。

Tagliatelle al ragù bolognese

ウンブリア州
はとのソースのストランゴッツィ

◆ストランゴッツィ（生麺・ロング／小麦粉生地） ◆茹で時間：約10分 ◆ソースの系統：ラグー
◆主材料：はと肉 ◆フィニッシュ：パルミジャーノ・レッジャーノ　ローズマリー

中部地方名物、手延べロングパスタ

　手のひらを使って細長い紐状にするストランゴッツィ。手延べうどんのようなパスタは中部イタリアの伝統で、ウンブリア州ではストランゴッツィのほかウンブリチェッリ、マンフリーコリなどと呼ばれ、トスカーナ州ではピーチ、そのほかにも、チリオーレ、ストロッツァプレーティと呼ばれることもある。

　しっかりとした食べ応えのあるパスタなので、合わせるソースも味の強いものがよい。ここでは、はとの肉とはとのブロードで仕立てたラグーを合わせたが、ジビエ類のラグーは最もポピュラーな組み合わせだ。そのほか、にんにくを効かせたトマトソース、きのこ（ポルチーニやトリュフ）、ハーブを数種類使ったソースなどともよく合う。

ソースと仕上げ
材料（1人分）
ストランゴッツィ……60g
a ┌はとのラグー（＊1）……90g
　│基本のブロード（P11）……70ml
　│トマトソース（P8）……30ml
　└塩、ローズマリー……各少々
ヴィンサント（＊2）……少々
パルミジャーノ・レッジャーノ（すりおろす）、ローズマリー……各適量

1　ストランゴッツィを茹で始める。
2　aをフライパンに入れ、中火で軽く煮る。
3　ヴィンサントを加える。肉は取り出して食べやすいように切り、ソースに戻す。
4　茹でたストランゴッツィを加え、混ぜる。
5　皿に盛り、パルミジャーノ・レッジャーノをふり、ローズマリーをあしらう。

＊2 陰干しした葡萄で造る糖度の高いワイン。

ストランゴッツィの作り方
材料（作りやすい分量）
小麦粉タイプ00……500g
水……230ml
にがり（水に加えて溶かしておく）……10g
塩……10g

1　基本の白いパスタ生地の作り方（P84）を参照に生地を作り、適宜切り分ける。
2　両手を互い違いに前後に動かしながら、生地を転がして左右に引っ張っていき、直径3mm程度の細い紐状にする。(A)

＊1 はとのラグー
材料（作りやすい分量　約20人分）
はと骨つき肉……1kg
a ┌ヴィンサント……少々
　│にんにく（つぶす）……1片
　└ローズマリー、ローリエ、セージ……各適量
b ┌基本のソフリット（P9）……250g
　│はとのブロード……500ml
　│トマトのパッサータ……90ml
　└赤ワイン……200ml
塩、胡椒……各適量

1　はと骨つき肉をさばいて胸と手羽元、ももは骨を外し、塩、胡椒をしてaをまぶし、一晩寝かせる。
2　1で外した骨と残した手羽先と脚先、香味野菜（分量外）ではとのブロードをとっておく。

A

162 —— Pasta Fresca

Strangozzi al sugo di piccione

3 寝かせた1の肉を取り出し、水気を拭き取ってからフライパンで焼き色をつける。

4 鍋に3の肉、bを入れ、中火で30分煮込む。途中、胸肉は火が入りきる直前で取り出す。煮汁に味がなじみ、艶が出て、やや緩めの濃度がついた状態になったら、肉を適宜カットして鍋に戻して火を止める。

Uno spunto dallo chef

生地は、タイプ00の小麦粉、水、塩が基本だが、スペルト小麦の粉を加えたり、水に卵を混ぜて練ることもある。重要なのは、ソースの絡みをよくするために、パスタの表面は少しざらついた、あるいは少しデコボコした状態に仕上げること。

マルケ州

マッケロンチーニ・ディ・カンポフィローネのスーゴ・フィント

◆マッケロンチーニ・ディ・カンポフィローネ（生麺・ロング／卵入り生地）　◆茹で時間：約1～2分
◆ソースの系統：野菜のスーゴ　◆主材料：香味野菜　◆フィニッシュ：パルミジャーノ・レッジャーノ

歯ごたえ独特、極細の卵生地パスタ

　イタリアで最も細いといわれるパスタ。マルケ州南部、人口約2000人の町カンポフィローネの名産品で、長さ35～60cm、幅は0.8～1.2mm、厚さは0.3～0.7mmと定められている。それにしても、なぜこんなに細いのか。その理由は、保存性を高めるためという。細ければ細いほどパスタ生地に含まれる空気の量が少なくなり、空気が原因の折れや割れが出ずに完璧に乾き、長期保存が可能になるのだという。細くても卵がたっぷり使われているので香りが強く、歯切れのいい食感なので、合わせるソースも味のしっかりしたものがよい。スーゴ・フィントと呼ばれる、肉は使っていないけれど、野菜の旨味やラルドでコクを出したソースがおすすめだ。ちなみにカンポフィローネでは毎年8月の初旬にマッケロンチーニ祭りが開かれ、3日間で2万食のマッケロンチーニが出るという。

マッケロンチーニ・ディ・カンポフィローネの作り方

材料（作りやすい分量）
小麦粉タイプ00……500g
卵……230g
塩……10g

1. 卵入りパスタ生地（P86）の作り方を参照して、厚さ1mm弱に延ばす。
2. 打ち粉（分量外）をし、横から見てS字状になるように生地を折りたたみ、端から1mm幅に切る（A）。
3. 打ち粉をしてからほぐす。（B）

ソースと仕上げ

材料（1人分）
マッケロンチーニ・ディ・カンポフィローネ
　……60g
スーゴ・フィント（＊1）……70ml
a ┌ バター……10g
　│ EVO……10ml
　└ セージ……2枚
塩、パルミジャーノ・レッジャーノ（すりおろし）
　……各適量

1. フライパンにaを入れて弱火にかける。別にマッケロンチーニを茹で始め、スーゴ・フィントを小鍋で温める。
2. 茹で上がったマッケロンチーニをaに加え、煽り混ぜる。
3. 皿に2を盛り、必要であれば塩で調味したスーゴ・フィントをかけ、パルミジャーノ・レッジャーノをふり、あればセージの葉（分量外）をあしらう。

Maccheroncini di Campofilone al sugo finto

＊1 スーゴ・フィント

材料（作りやすい分量　約30人分）

トマトの水煮（＊2）……1缶（1号缶 2550g）
a ┌ 玉ねぎ……1/2個（約200g）
　└ にんじん、セロリ……各100g
b ┌ 自家製ラルド・ペースト（P50）……30g
　└ EVO……50ml
塩……適量

1 aを粗いみじん切りにする（メッツァルーナ＝半月形のハーブチョッパーで刻むイメージ）。

2 鍋にbを入れ、中火で温め、1を加え、木べらなどで返しながらじっくり甘みが出るまで炒める（強火だとラルドが焦げるので注意）。

3 トマトの水煮をフードプロセッサーにかけて濾し、加える。

4 底が焦げつかない程度の弱火で、木べらで時折、底から混ぜながらゆっくり煮詰めていく。

5 野菜が全て煮溶けて十分な濃度がついたら塩で味を調える。

＊2 トマトの水煮の代わりにパッサータを使ってもよい。

マルケ州

ヴィンチスグラッシ

◆ラザーニャ(生麺・ラザーニャ/卵入り生地) ◆茹で時間:約5〜6分
◆ソースの系統:ラグー ベシャメッラ ◆主材料:鶏モツ ◆フィニッシュ:バター

鶏モツのラグーとホワイトソースがたっぷり

　鶏の内臓を使ったラグーとベシャメッラ(ホワイトソース)を重ねてオーブンで焼くヴィンチスグラッシ。底に敷くラザーニャ生地は型からはみ出すくらい大きなものを使い、具を全て入れたら、そのはみ出した生地を内側にかぶせる。するとその部分がパリパリに焼けて、また美味しいのだ。ヴィンチスグラッシという名前の由来は諸説あって、ナポレオン侵攻の際にマルケ州にやってきたオーストリア人の将校がもたらしたのでその名がついたとか、貴族に仕えていた料理人が編み出したとか、さまざまあるが、いずれにしても富裕層の食卓に上る料理だったといわれている。ベシャメッラを用いない作り方もあるが、ヴィンチスグラッシのラグーに鶏のモツは欠かせないようだ。

ラザーニャ生地の作り方

材料(作りやすい分量)
小麦粉タイプ00……500g
卵……5個
塩……10g

卵入りパスタ生地(P86)を1mm厚さに延ばし、適宜切り分けて茹で、1枚は耐熱皿に敷いてはみ出す大きさに、2枚は耐熱皿の底面と同じくらいの大きさにカットして、計3枚用意する。

※使用した耐熱皿の大きさは約18cm×23cm。

仕上げ

材料(6人分)
ラザーニャ生地……3枚
ラグー(＊1)……300g
ベシャメッラ(＊2)……150g
バター、パルミジャーノ・レッジャーノ(すりおろす)、EVO……各適量

1. バターを塗った耐熱皿にラグー1/4量を敷き(A)、大きい方のラザーニャ生地を敷き詰める。縁からはみ出した生地は外側に出しておく。
2. 残りのラグー1/3量を塗り広げる。
3. ベシャメッラ1/2量を散らすように置き、パルミジャーノ・レッジャーノをふる。(B)
4. 小さい方のラザーニャ生地1枚をのせて2、3と同様にラグー、ベシャメッラ、パルミジャーノ・レッジャーノの順に重ねる。
5. もう1枚のラザーニャ生地をのせ、残りのラグーを塗り広げ、パルミジャーノ・レッジャーノをふり、はみ出したラザーニャ生地を内側に被せるように折る。(C)
6. バターをちぎって散らし、EVOを回しかけ、200℃のオーブンで焼き色がつくまで焼く。

A

B

C

Vincisgrassi

＊1 ラグー

材料（作りやすい分量　約3皿分）

a　仔牛肉、豚肉、鶏肉……合わせて500g
b　シナモン、ナツメグ……各適量
c　┌トマトソース（P8）……350ml
　　│赤ワイン……350ml
　　└ローリエ……1枚
鶏レバー……100g
鶏のハツ……100g
塩、黒胡椒、EVO、ローズマリー……各適量

1. aを細かく刻み、塩、黒胡椒、bで下味をつけ、焼き色がつくまで炒める。cを加えて弱火〜中火で1時間くらい煮る。
2. 鶏レバーとハツを一口大に切り、塩、黒胡椒をまぶす。
3. フライパンにEVOをひき、2をローズマリーの小枝とともにソテーする。
4. 3を1に加え、水も70mlほど加え、レバーに火が入って味もしっかりなじむまで煮込む。

＊2 ベシャメッラ

材料（作りやすい分量　約3皿分）

牛乳……500ml
a　┌無塩バター……50g
　　└小麦粉タイプ00……50g
塩……ひとつまみ
ナツメグ……少々

1. 鍋でaをよく炒める。色づかないように注意する。
2. 1に一度沸騰させた牛乳を数回に分けて加えながら、その都度テリが出るように木べらなどでしっかり混ぜながら、小麦粉が糊化して艶が出て、コシも切れて滑らかになるまで煮る。
3. 塩とナツメグで味を調える。

バジリカータ州
ポテンツァ式仔羊のラグーのマナータ

◆マナータ(生麺・ロング／セモリナ粉生地) ◆茹で時間：約12分
◆ソースの系統：ラグー ◆主材料：仔羊肉 ◆フィニッシュ：ペコリーノ

異国の伝統受け継ぐ"一本麺"

　ひとかたまりの生地に穴をあけ、その穴をどんどん広げていって細長い紐の輪にするというユニークなパスタ。バジリカータ州ポテンツァ県のアルバニア系移民の村に伝わる伝統パスタで、ひたすら手（イタリア語でマーノ）で延ばすことから、マナータと呼ばれる。別名はアルバニア語源のシュトゥリーデリャ。15世紀から18世紀にかけて、オスマン・トルコの侵略から逃れたアルバニア人がイタリア各地に入植。現在もカラブリア州とシチリア州にはイタロ・アルバニア系と呼ばれる民族団体の本部があり、およそ50を数えるアルバニア系の村ではビザンチン式の儀式や文化を守り続けている。その食文化の一つとして知られるこのパスタ、両手全体を使って生地をしごき延ばすには熟練が必要だが、うまくできるとふんわりとした独特の食感となる。伝統的な食べ方は、仔羊やヤギ、豚をブロックで煮込み、その肉とラグーをたっぷり添えたピアット・ウニコ。または豆のミネストラと混ぜ合わせる。好みで唐辛子や唐辛子オイルを加えてもよい。

マナータの作り方

材料（作りやすい分量）
セモリナ粉……500g
水……220ml前後
塩……10g

1. セモリナ粉のパスタ生地（P85）を作り、生地の塊の中央に穴を開ける。（A）
2. 手で穴を広げていく。（B）
3. 手で生地を転がしながらどんどん広げる。（C）
4. 直径1cmくらいの太さになるまで広げていく。（D）
5. 手首に生地をかけ、何重もの輪にする。（E）
6. セモリナ粉の打ち粉（分量外）をして、手で上から下へとしごきながらさらに細く延ばす。（F）
7. 好みの太さになったら長さ25cmくらいに切り分ける。

A

B

C

D

E

F

ソースと仕上げ

材料（1人分）

マナータ……60g
仔羊のラグー（＊）の煮汁……90ml
仔羊のラグー（＊）の肉……60g
ペコリーノ（すりおろす）……適量

1 マナータを茹で始める。
2 フライパンに子羊のラグーの煮汁を入れて弱火にかける。ラグーの肉は冷めないようにしておく。
3 茹で上がったマナータを2のラグーの煮汁に加え混ぜ、味を含ませる。
4 皿に3を盛り、ラグーの肉を添え、ペコリーノをふる。

アルバニア系移民の村はカラブリア州境に近いバジリカータ州南、国立自然公園に指定されている山間部に点在している。

＊仔羊のラグー

材料（作りやすい分量　約4人分）

仔羊肩肉……240g
ローズマリー……1枝
ラード……20g
トマト水煮（ミキサーにかける、またはパッサータ）……適量
a ┌唐辛子（小）……1個
　└ローリエ（生）……3枚
塩、ペコリーノ（すりおろす）……適量

1 仔羊肩肉は塩を全体にまぶし、ローズマリーと一緒に糸で縛る。(A)
2 鍋にラードを入れて中火で溶かし、1を入れて焼き色をつける。
3 トマト水煮を肉がひたひたになるまで加え、aも加えて煮る。
4 肉に火が通ったら、硬くならないように取り出し、煮汁を煮詰める。煮詰まり過ぎたら、水を加えて調節する。煮汁にテリがついたらペコリーノを加える。

A

Uno spunto dallo chef

マナータは、基本のセモリナ粉の練り上がりの生地総量740gを1/3くらいに分割すると作業しやすい。限られたスペースの場合、また、乾燥を防ぐためにも一度に作業する生地は少量がよい。

Manata al ragù d'agnello alla potentina

トスカーナ州
牛ラグーのパッパルデッレ

◆パッパルデッレ(生麺・ロング／小麦粉生地) ◆茹で時間：約5〜6分
◆ソースの系統：ラグー ◆主材料：牛肉 ◆フィニッシュ：パルミジャーノ・レッジャーノ

食べ応え満点の幅広パスタ

　粉と水で作る幅広のパスタ、パッパルデッレ。イタリア中部から北部にかけて、特にトスカーナ州のもっとも代表的な手打ちパスタの一つである。語源には「大食漢」の意味があり、厚めで幅広い形状からくる歯ごたえある食感と、合わせるソースをしっかりのせてくるあたりに、その名の由来がにじみ出ている。一年を通してよく食べられるパスタだが、特に冬の狩猟期が旬。王道はいのしし、鹿、雉などの煮込みソースとのコンビだ。手頃なのは牛のすね肉や肩肉など、煮込むとほろほろに柔らかくなる赤身肉のラグー。赤ワインによく合う一皿となる。

Uno spunto dallo chef

　野禽を使わない日常仕立てのラグー。手に入れやすい牛のすね肉や肩肉を使ったなんの変哲も無い普段着の煮込みソースだ。パッパルデッレは一般的に卵を使った生地で作るが、この配合はフィレンツェの友人から教えてもらった卵の入らない白い生地。卵生地のリッチな風味、食感と比べ、ニュートラルな生地だが、優しく、しかも弾力性を感じる食感は秀逸で、合わせるソースを存分に楽しめる。幅広ゆえにパスタ同士の接触部が大きく、くっつきやすいこと、卵生地よりも破けやすいという特性に注意し、なるべくゆったりとした湯量で優しく混ぜながら茹でるといいだろう。

パッパルデッレの作り方

材料（作りやすい分量）
小麦粉タイプ00……500g
水……230ml
にがり（水に加えて溶かしておく）……10g
塩……10g

基本の白いパスタ生地（P84）を作り、厚さ1mmほどに延ばし、ギザ刃のパスタカッターで長さ20cm、幅2cmほどにカットする。

ソースと仕上げ

材料（1人分）
パッパルデッレ……60g
ラグー（基本のラグーの作り方（P10）で肉は牛すね肉や牛肩肉を合わせたものを使用）
　……100g
パルミジャーノ・レッジャーノ（すりおろす）、
　EVO……各適量

1　フライパンにラグーを入れ、弱火にかけ、肉が温まる程度まで煮て、フォークなどで崩す。パッパルデッレも同時に茹で始める。

2　茹で上がったパッパルデッレを加え、煽り混ぜ、パルミジャーノ・レッジャーノひとつかみを加え、EVOをかける。

3　皿に盛り、パルミジャーノ・レッジャーノをふる。

Pappardelle al ragù

プーリア州、アブルッツォ州など

トッコリのブロッコリソース

◆トロッコリ(生麺・ロング／セモリナ粉生地) ◆茹で時間：約12分
◆ソースの系統：オイル ◆主材料：ブロッコリ

特殊めん棒で切り込み、ほぐす

　トロッコラトゥーロと呼ぶ溝のついためん棒を、延ばした生地に力を込めて転がして切れ目をつけ、手で一本一本剥がすパスタ。剥がす手間はかかるが、幅の揃ったパスタができるため、ルネサンス時代の宮廷の厨房では欠かせない道具であった。針金を張った木枠に生地を押し当てて作るキタラ(P180)に似ているが、剥がした部分がざらっとした感触になり、より素朴で田舎風のパスタである。合わせるソースは、ブロッコリとアンチョビ、にんにく。ブロッコリは煮ながらつぶして粗いペースト状に仕上げる。このほか、ドライトマト、アンチョビ、モッリーカのソース、野菜とラルドで作るスーゴ・フィント(P165)、肉屋のラグーと呼ばれる豚や仔羊の内臓の煮込みを合わせることもある。

トロッコリの作り方

材料(作りやすい分量)
セモリナ粉……500g
水……220ml前後
塩……10g

1 セモリナ粉のパスタ生地(P85)を作り、厚さ3mmほどに延ばす。
2 トロッコラトゥーロと呼ぶ専用のめん棒を生地に押し当てて切れ目をつける。(A)
3 一本一本切れ目に沿って生地を手で切り離していく。(B)

A

B

ソースと仕上げ

材料(1人分)
トロッコリ……80g
ブロッコリ……60g
a ┌EVO……30ml
　└にんにく(つぶす)……1片
アンチョビ……3枚
塩……適量

1 ブロッコリは塩茹でする。
2 トロッコリを茹で始める。フライパンにaを入れ、弱火にかけ、にんにくから細かい泡が立ってきたらアンチョビを入れてつぶしながら溶かす。
3 アンチョビの臭みが飛んだら、火からおろし、水70mlを加える。
4 1のブロッコリ、茹で上がったトロッコリを加え、中火にかける。
5 ブロッコリの花蕾の部分がホロホロと煮崩れ、芯もほっくりとした状態になったら、フォークでつぶす。途中、水70mlを加える。
6 皿に盛る。好みですりおろしたペコリーノ(分量外)をかけてもよい。

174 —— Pasta Fresca

Troccoli con broccoli

シチリア州
ブジアーテのカジキソース

◆ブジアーテ(生麺・ロング／セモリナ粉生地) ◆茹で時間：約15分
◆ソースの系統：オイル ◆主材料：カジキ ◆フィニッシュ：モッリーカ　生のオレガノ

ソースを絡めとる螺旋状ロングパスタ

　ブジアーテは、シチリア西部、トラーパニが発祥。10〜11世紀に書かれたアラブ語の書物にこのパスタと思しき記述が残されていることから、家庭で作り乾燥させたパスタとしては最古のものの一つと考えられている。アラブ語でブズは葦の一種を指し、この葦の茎を乾燥させ芯としてパスタ生地を巻きつけたことから、ブジアーテという名前となった。後に、葦の代わりに針金や編み針を使うようになり、この編み針は「鉄のブザ」とも呼ぶ。伝統的には豚肉のラグーと合わせるが、野菜と香草のペースト(例えば生のアーモンドを使ったペスト・トラパネーゼ)や、魚介ならカジキのソースでよく食べられている。ケイパーやオレガノを加えるとシチリアらしい味わいになる。

ブジアーテの作り方

材料(作りやすい分量)
セモリナ粉……500g
水……220ml前後
塩……10g

1. セモリナ粉のパスタ生地(P85)を作り、適当に棒状に切り出し、台上で両手を使って転がして直径5mmほどの細長い紐状にする。
2. 直径2mmほどの細長い棒の端から生地を巻きつける。片手で棒を回転させながらもう片方の手で生地を支えて巻きつけていく。(A)
3. 巻きつけ終わったら台上で転がして軽く押しつぶして形を整える。(B)
4. 棒を抜き、長さ8〜10cmに切り分ける。

ソースと仕上げ

材料(1人分)
ブジアーテ……50g
カジキ……50g
a ┌EVO……20ml
　└にんにく(つぶす)……1片
黒オリーブ……20g
塩漬けケイパー(塩は洗い落とす)……10g
オレガノ(生・ドライ)、EVO、モッリーカ(P18)、塩……各適量

1. カジキは1.5cm角に切り、塩をふっておく。ブジアーテを茹で始める。
2. フライパンにaを入れ、弱火にかける。
3. にんにくから細かい泡が立ってきたら1のカジキを加える。
4. カジキの色が変わったら、種を抜いた黒オリーブ、ケイパー、水70mlを加えて煮る。
5. オレガノ(生)1/2枝くらい、パスタの茹で汁を加えてひと煮立ちさせ、オレガノ(ドライ)少々、茹で上がったブジアーテも加えて味を馴染ませる。
6. 仕上がり際にEVOをかけ、皿に盛り、モッリーカをふり、オレガノ(生)の葉を散らす。

A

B

Busiate con pesce spada

マルケ州
ツブ貝ソースのストロッツァプレーティ

◆ストロッツァプレーティ（生麺・ロング／小麦粉生地）　◆茹で時間：約12分
◆ソースの系統：オイル　◆主材料：ツブ貝　◆フィニッシュ：フェンネル

リボン状のパスタをねじって形作る

　リボン状の生地を両手のひらでこするようにねじって作るストロッツァプレーティ。ブジアーテ（P176）に似ているが、棒に巻きつけるのではなく、手でねじるところが違う。食感はつるりと滑らかで柔らかく、タイムやフェンネルなどハーブの香りとツブ貝の旨味を引き出した軽いソースとの相性がよい。ところで、ストロッツァプレーティとは、"プレーテ（司祭）を窒息させる"という意味で、実はこの名前のパスタは各地に存在する。その昔カトリック聖職者は、往々にして食いしん坊が多かったことから、"窒息してまでも食べたい"とか、"あまりに美味しくてがっついてしまって危うく窒息"というイメージでつけられたらしい。

ストロッツァプレーティの作り方

材料（作りやすい分量）

小麦粉タイプ00……500g
水……210ml
にがり（水に加えて溶かしておく）……10g
塩……10g

1. 基本の白いパスタ生地（P84）の作り方を参照して生地を作り、厚さ2mmほどに延ばす。
2. 長さ10cm、幅1cmほどのリボン状に切る。
3. 両手を使って左手は手前へ、右手は奥へと動かし、均等な螺旋状になるまでねじる。（A）

ソースと仕上げ

材料（1人分）

ストロッツァプレーティ……50g
ツブ貝（下茹でしたもの）……40g
a ┌ EVO……20ml
　└ にんにく（みじん切り）……1/3片
b ┌ タイム、ローズマリー、フェンネル……各少々
　├ ローリエ（生）……1/4枚
　└ セージの葉……2枚
ミニトマト……5個
塩、白ワイン、にんにく（みじん切り）、フェンネル……各適量

1. ツブ貝は塩揉みをしてぬめりと管を取り除き、少量の白ワイン、にんにくとともにさっと煮る。
2. フライパンにaを入れ、弱火にかける。ストロッツァプレーティを茹で始める。
3. aのにんにくの香りが立ったら、細かくみじん切りにしたbを加える。
4. 1のツブ貝、貝の煮汁50mlを加え、軽く煮る。
5. 1/2に切ったミニトマトを加え、煮崩れない程度に煮る。
6. 茹で上がったストロッツァプレーティを加えて軽く煮る。ツブ貝の煮汁の塩分具合で、必要であれば水や塩を加えて味を調える。
7. 皿に盛り、フェンネルをあしらう。

A

Uno spunto dallo chef

ハーブは春の新芽のハーブをイメージして、フレッシュなものを。

Strozzapreti con lumache di mare

アブルッツォ州
仔羊ラグーのキターラ

◆キターラ(生麺・ロング／セモリナ粉生地) ◆茹で時間:約10分
◆ソースの系統:ラグー ◆主材料:仔羊肉 ◆フィニッシュ:ペコリーノ　ローズマリー

弦に押し当てて切る
四角い断面のパスタ

　このパスタ専用の道具の、長方形の木枠に針金を張ったところがギター(イタリア語でキターラ)を思わせることからその名がついたパスタ。現地ではスパゲッティ・アッラ・キターラ、もしくはマッケローニ・アッラ・キターラと呼ぶ。弦に押し当てて切るため、パスタの断面が四角形になるのが特徴。幅も厚みもそれなりにあるしっかりした食感のパスタなので、ソースは肉のラグーが合う。キターラの故郷、アブルッツォでは仔羊のラグーとの組み合わせが王道だ。ここでは仕上げに刻んだパプリカを加えてシャキシャキとした歯ごたえをプラスした。

キターラの作り方
材料(作りやすい分量)
セモリナ粉……500g
卵……250g
塩……10g

1 卵入りパスタ生地(P86)を参照して生地を作り、厚さ3mm程度に延ばし、キターラ専用のパスタカッターにのせる。
2 めん棒で生地を弦に押し当てるようにして切る。力を入れすぎると弦が緩むので要注意。(A)

ソースと仕上げ
材料(1人分)
キターラ……90g
仔羊のラグー(＊)……90g
パプリカ……20g
唐辛子(小)……1個
EVO、ローズマリー、塩、ペコリーノ(すりおろす)……各適量

1 パプリカを刻み、EVO少々をひいたフライパンで炒める。キターラを茹で始める。
2 1のフライパンに仔羊のラグーを加え、唐辛子、ローズマリー少々も加えて煮込む。
3 パプリカが煮崩れない程度に柔らかくなり、ラグーにパプリカの味がなじんだら、塩で調味し、茹で上がったキターラを加え煽り混ぜ、水少々も加えて軽く煮込む。
4 仕上げにEVO少々、ペコリーノを加え混ぜる。
5 皿に盛り、ペコリーノをふり、ローズマリーを添える。

＊仔羊のラグー
材料(作りやすい分量　約20人分)
仔羊挽き肉(粗挽き)……1kg
a ┌ 基本のソフリット(P9)……300〜400g
　├ 白ワインと赤ワイン……合わせて200ml
　└ トマトソース(P8)……400ml
塩、EVO……各適量

1 仔羊の挽き肉に塩を加え混ぜ、EVOをひいた鍋で炒める。
2 aを加えて煮込む。

A

Chitarra al ragù d'agnello

ピエモンテ州
白トリュフのタヤリン

◆タヤリン(生麺・ロング／卵入り生地) ◆茹で時間：約2分
◆ソースの系統：バター ◆主材料：白トリュフ ◆フィニッシュ：パルミジャーノ・レッジャーノ

卵黄のコクたっぷりの贅沢な味わい

卵で作った生地をごく細い麺に仕立てるタヤリンは、アニョロッティ・デル・プリン（P152）と並ぶピエモンテ州の伝統パスタ。特に、ランゲ地方のアルバが発祥といわれ、同地で秋に開かれる白トリュフ市の時期には、バターを絡めて白トリュフを削りかけたタヤリンを求めて世界中から人々がやってくる。しかし、そもそもは、鶏の内臓とうさぎをじっくりと煮込んだソースを合わせるのが伝統である。タヤリンという名前は、タリオリーニ（タリアテッレよりも細い平麺）が変化したものだが、一般的なタリオリーニよりも卵を多く使うのが特徴である。それも全卵と卵黄、あるいは卵黄だけで作る方法も

ピエモンテ州のアルバでは毎年10月から12月まで白トリュフの市が開かれ、イタリア各地から見事な白トリュフが届く。

あり、生地の色も一段と濃い黄色となる。また、小麦粉のほかにとうもろこし粉を加えることもあり、その場合は、タヤリン・ディ・メリガ（とうもろこしのタヤリン）と呼ぶ。卵生地のなめらかなタヤリンとは違った、つぶつぶ感を楽しむタイプのパスタだ。

タヤリンの作り方

材料（作りやすい分量）
小麦粉タイプ00……500g
卵黄……300g
塩……10g

1 卵入りパスタ生地（P86）の卵を卵黄に代えて生地を作り、厚さ1mm弱に延ばす。
2 打ち粉（分量外）をし、横から見てS字状に生地を折りたたみ、端から1mm幅に切る。
3 打ち粉（分量外）をしてからほぐす。

ソースと仕上げ

材料（1人分）
タヤリン……60g
a ┌ バター……35g
　└ セージの葉……1枚
パルミジャーノ・レッジャーノ（すりおろす）、白トリュフ……各適量

1 フライパンにaを入れ、弱火にかけ、バターを溶かす。タヤリンを茹で始める。
2 1のフライパンにパスタの茹で汁70mlを加え、軽く乳化するまで煮る。
3 茹で上がったタヤリンを加える。水分が少なく、タヤリンが団子状になってしまうようであれば、水少々を加え、煽り混ぜる。
4 皿に盛り、パルミジャーノ・レッジャーノをふり、白トリュフを専用のトリュフスライサーでスライスしながらふりかける。

Tajarin con tartufo bianco

ヴェネト州
ビーゴリ・イン・サルサ

◆ビーゴリ(生麺・ロング／全粒粉生地) ◆茹で時間：約10分
◆ソースの系統：オイル ◆主材料：アンチョビ 玉ねぎ ◆フィニッシュ：イタリアンパセリ

押し出し生地の弾力が決めて

　木製の台座に真鍮製の押し出し機を設置して、生地を押し出して作るビーゴリ。ヴェネト州、特にヴィチェンツァ、ヴェローナとその近郊の伝統的なパスタだ。全粒粉を使うためパスタの色は茶褐色になる。最近は白い小麦粉やセモリナ粉を使ったり、卵を加えるバージョンもある。ビーゴリ作りには、ビゴラーロ（トルキオとも呼ぶ）という専用の道具が欠かせない。この真鍮製の道具は、1604年、パドヴァのパスタ職人が考え出したという。ネジ式で圧力を加えて押し出すのだが、相当な腕力を必要とする。そして、押し出されたパスタの表面は摩擦によってザラザラになるが、このおかげでソースとの馴染みが格段に良くなる。食べ方はイン・サルサと呼ばれるアンチョビと玉ねぎのソースを合わせるのが定番で、その昔は、肉食を禁じられたクリスマス・イブや、謝肉祭明けから復活祭までの節制期間である四旬節に供されたものだったという。また、鴨のラグーや、鶏の内臓の煮込みと合わせることもある。

ビーゴリの作り方

材料（作りやすい分量）
全粒粉……500g
卵……220〜230g
塩……10g

1. セモリナ粉のパスタ生地の作り方（P85）を参照して、よく練って硬く締まった生地にする（茹でた時に切れないようにするため）。ビーゴリ専用の道具、トルキオの生地を入れる部分に合わせて筒状にする。

2. トルキオに生地をセットし、ハンドルを回して生地を押し出す。この時、ハンドルを回すスピードは一定にし、途中で止めない（切れる原因になる）。(A)

3. 出てきた生地にセモリナ粉（分量外）をまぶし、ある程度の長さ（20〜25cmくらい）になったら包丁で切り、セモリナ粉（分量外）を敷いたバットに置く。

4. かなり細いパスタに見えるが、茹でると圧力から解放されて、太くなる。(B)

Bigoli in salsa

ソースと仕上げ

材料(1人分)

ビーゴリ……60g
アンチョビ……10g
EVO……20ml
a ┌ 玉ねぎのソフリット(P9)……100g
　└ ローリエ(生)……1枚
塩、仕上げ用EVO、イタリアンパセリ(刻む)
　　……各適量

1 ビーゴリを茹で始める。
2 フライパンにEVO、アンチョビを入れて弱火にかけ、アンチョビをつぶして溶かす。
3 aも加え、煮る。途中、煮詰まりすぎるようであれば水も少々加える。
4 茹で上がったビーゴリを加え、塩で調味し、仕上げ用EVOも加える。
5 皿に盛り、イタリアンパセリを散らす。

カラブリア州

サーニェ・キーネ

◆サーニェ(生麺・ラザーニャ／セモリナ粉生地) ◆茹で時間：約5～6分 ◆ソースの系統　ラグー
◆主材料：豚肉　カルドンチェッロ　アーティチョーク　◆フィニッシュ：ペコリーノ

具沢山のご馳走オーブン焼きパスタ

卵入りのセモリナ生地で作った板状のパスタと、唐辛子入りトマトソースで作る豚のラグー、きのこ、アーティチョーク、茹で玉子にチーズなどを重ねた具沢山なラザーニャ。サーニェ・キーネとは、ラザーニャ・リピエーネ(詰め物をしたラザーニャ)のことで、カラブリア州の伝統料理だ。南イタリアにはラヴィオリやトルテッリのような伝統的な詰め物パスタはあまりなく、代わりに作られてきたのが、ティンバッロと呼ぶ深さのある器にパスタと具を詰めてオーブンで焼く料理。手間がかかるので、本来は日曜日や祝祭限定のご馳走であった。サーニェは、カラブリア州のほか、マルケ州、ラツィオ州、アブルッツォ州、プーリア州、バジリカータ州にもあり、マルタリアーティ(ひし形)や、やや幅広のタリアテッレ状、それを短く7～8cm長さほどに切ったもの、長いタリアテッレを螺旋状にしてソースを絡みやすくしたものなどバリエーションが幅広い。生地は基本的にセモリナ粉を使うが、それにふすま、スペルト小麦粉、軟質小麦粉などを加えることもある。同じサーニェという名前でも、土地ごとにかなり違いが表れるパスタである。

サーニェ生地の作り方

材料(作りやすい分量)
セモリナ粉……500g
卵……250g
塩……10g

キターラ(P180)と同じ卵入りセモリナ粉の生地を作り、1mm厚さに延ばし、適宜切り分けて茹でてから、1枚は耐熱皿に敷いたらはみ出す大きさに、2枚は耐熱皿の底面と同じくらいの大きさにカットして、計3枚用意する。

※使用した耐熱皿の大きさは約18cm×23cm。

Sagne chine

仕上げ

材料（6人分）

サーニェ……3枚
ラグー・カラブレーゼ（＊1）の煮汁……300ml
カルドンチェッロ（あわび茸）とアーティチョークのソテー（＊2）……100g
グリンピース……50g
茹で卵……3個
フィオル・ディ・ラッテ（もしくはモッツァレッラ）……1個
ラード、プロヴォローネ（もしくはスカモルツァ）、ペコリーノ（すりおろす）、EVO……各適量

1. 耐熱皿にラードを塗り、ラグー・カラブレーゼの煮汁1/5量を塗る。(A)
2. 大きいサーニェを敷き込み、ラグー煮汁の残りの1/4量を塗る。
3. カルドンチェッロとアーティチョークのソテー1/2量を広げ、グリンピース1/2量を散らす。(B)
4. 適当に切った茹で卵1/2量、フィオル・ディ・ラッテとプロヴォローネ各1/3量をちぎって散らし、ペコリーノをふり、ラグー煮汁の残りの1/3量をかける。
5. 小さいサーニェ生地の1枚を被せ、3、4と同様にラグー煮汁、ソテーほか具材を重ねる。(C)
6. 残ったサーニェ生地を被せ、残りのラグー煮汁を塗り、はみ出した生地を被せるように内側に折る。残りのフィオル・ディ・ラッテ、プロヴォローネをちぎって散らし、ペコリーノをふり、EVOを回しかける。(D)
7. 200℃のオーブンで焼き色がつくまで焼く。

＊1 ラグー・カラブレーゼ

材料（作りやすい分量　約2皿分）

豚肉（肩やバラ、すねなど好みで）……500g
ローズマリー……2本
ラード……30g
カラブリア産のワイン（赤でも白でも可）……200ml
a ┌ トマト水煮（濾す）……5缶（2kg）
　└ 唐辛子（小）……1個
塩……適量

1. 豚肉に塩をしっかりまぶしてローズマリーと一緒にタコ糸で縛る。
2. 鍋にラードを熱し1にしっかりと焼き色をつける。
3. 2にワイン、aを加え弱火で肉が柔らかくなるまでじっくり煮込む。
4. 肉は取り出して、セコンド・ピアットとして供する。
5. 煮汁を軽く煮詰める。

＊2 カルドンチェッロとアーティチョークのソテー

材料（作りやすい分量　約2皿分）

カルドンチェッロ（あわび茸）……100g
アーティチョーク（可食部）……100g
にんにく（つぶす）……1片
塩、EVO……各適量

鍋ににんにく、EVOを入れ、じっくりと熱し、適度な大きさに切ったカルドンチェッロ、アーティチョークを炒め、全体がしんなりしたら塩で調味する。

A

B

C

D

パスタの前身？ ニョッキにまつわる昔話

じゃがいものニョッキ、セモリナ粉のニョッキ、かぼちゃのニョッキ、パンのニョッキ。どれも簡単で親しみやすい家庭料理として作られてきた。ニョッキとは、一つの形や材料に定義できるものではなく、それ自体が膨大なバリエーションをもつ一分野である。かつては、とうもろこし粉で作るニョッキや、茹で卵の黄身を生地に加えたニョッキ、米、ひよこ豆、グリンピースなどさまざまな素材を使ったニョッキがあった（今も作られているものもある）。現在のイタリア料理では、ニョッキは大きく三つに分類される。一つ目はじゃがいものニョッキ、二つ目はセモリナ粉のニョッキ（ローマ風とも呼ばれる）、三つ目はドイツ語のクヌーデルが語源となっているカネーデルリである。サルデーニャのマッロレッドゥスに代表されるような、セモリナ粉で作った生地を用いる小型のパスタもニョッキのバリエーションである。ちなみに、じゃがいものニョッキが一番お馴染みだが、歴史的には最も後発である。

クリストーフォロ・ディ・メッシスブーゴ[1]、バルトロメオ・スカッピ[2]、どちらも16世紀の後期ルネッサンス時代に宮廷に仕えた料理人で、それぞれが記した料理書にも"ニョッキと呼ばれるマッケローニ"が登場する。小麦粉とパン粉、湯、卵を練った生地を団子にし、おろし金の上に転がして凹凸をつけるというレシピは、現在のニョッキとほぼ同じである。調味は当時のパスタの伝統的な方法で、バター、チーズ、スパイス、時に少々の砂糖を用いた。ルネッサンス時代のニョッキはその後もあまり変化をすることなく、ただ、チーズの量や卵を増やすなどのバリエーションが生まれただけである（これは、やがてパッサテッリとなっていったと考えられる）。

1700年代末頃、ニョッキ・アッラ・アックア（水のニョッキ）あるいはニョッキ・ビニェと呼ばれる作り方が登場する。今でいうシュー（イタリア語でビニェ）生地に似たニョッキで、水または牛乳、バター、小麦粉、卵、卵黄で生地を作り、円筒形やひし形に形作ったり、あるいはスプーンですくい取って熱湯に入れ、浮かび上がったらバターとチーズを絡める。1790年に出版されたフランチェスコ・レオナルディ[3]の料理書「L'Apicio Moderno

[1] フェッラーラ領主エステ家の宮廷に仕えた料理人。死後の1549年に、バンケットに必要なあらゆる準備と道具、レシピが紹介された料理書が出版。ルネサンス時代の宮廷における食文化を語る第一級の資料とされている。

[2] ヴァチカンで教皇ピオ4世、ピオ5世に仕えた料理人。1570年、1000以上のレシピと調理道具などについて6部にわたって記した料理書を出版。さまざまなパスタのレシピもあり、イタリア料理の基礎本ともいわれる。

（現代のアピシウス）」で紹介されているレシピは、「鍋に少量の水とたっぷりのバターを沸かし、塩を加え、小麦粉も加えて木のスプーンでよく混ぜ、パスタ・レアーレ（マジパン）状にする。冷めたら、卵黄と少量の卵白を加えながらよく混ぜ、すりおろしたパルミジャーノも加える。台に移して指と同じくらいの太さの棒状にして、端からひし形に切る。塩を加えた湯に入れ、膨らんできたら引き上げて洗い、水気を切る。容器にバター、少量の生クリーム、パルミジャーノとともに入れ、好みでシナモン、ナツメグ、胡椒をふり、オーブンで焼く」。手間はかかるが、なかなか美味しそうである。このニョッキは20世紀初頭までさまざまな料理書に登場し、長く人気だったことが窺える。

カネーデルリはその昔、ドイツ風ニョッキと呼ばれ、牛乳やパン、時には米やバター、スパイスなどを加えた生地で作られていた。前述の「L' Apicio Moderno」では、このドイツ風ニョッキはそのほかのニョッキと同じくらいの大きさで、調味もチーズやソースで和える方式だったが、それから40年後に出版された別の料理書では、レバーや脾臓を生地に加え、卵ほども大きく作ってブロードに浸すという方法が紹介されているように、かなりの変化を遂げている。

じゃがいものニョッキに欠かせないじゃがいもは、後期ルネッサンス時代にはその存在が学者の間では知られていたが、食用となるのは18世紀半ばに発生した大飢饉以降。小麦粉の不足を補うため、じゃがいもを使ってパンやパスタを作るようになった。じゃがいもを使ったニョッキは、20世紀以前は数あるニョッキのバリエーションの一つにすぎず、じゃがいもの使い方も、ニョッキ・アッラ・アックアに詰めるフィリングだったり、あるいは、じゃがいも入りの生地で作ったニョッキの中に卵黄や生クリーム、イタリアンパセリ、にんにく、リコッタを詰めるなど、今とは違うものだった。1891年に出版されたペッレグリーノ・アルトゥージの「La scienza in cucina e l'arte di mangiar bene（料理の科学と美食の芸術）では、茹でてつぶしたジャガイモと刻んだ鶏胸肉、パルミジャーノ、卵黄、小麦粉、ナツメグで作るニョッキが一番目として、二番目にじゃがいもと小麦粉のみのニョッキが紹介されている。この時代になってようやく、現代のようなじゃがいも主役のニョッキが一般的になってきたことがわかる。ただ、その発祥は定かではなく、19世紀末から20世紀初めにかけて、マルケ、ボローニャ、ローマなど各地名を冠したじゃがいものニョッキがいくつもの料理書に登場している。

今では、数ある手打ちパスタの一つであるニョッキも、実は時代によってさまざまに変化してきたのである。それでも、始まりは粉と水分を混ぜて一口大に仕立てたものだったことから、イタリアでは、手打ちパスタのもっとも原始的なものと考えられ、伝統として受け継がれてきたご当地ニョッキが今なお各地に存在している。

＊3　イタリア人料理人で、若くしてパリに渡って料理を学び、帰国後、ナポリの貴族、フランス軍、ロシア人将校、女帝エカテリーナ2世の料理人となった。1790年に「L' Apicio Moderno」を出版。その後も料理書を幾つか手がけ、中国料理についての書籍もある。

終わりに──池田愛美

　小池教之さんと初めて会ったのは、彼がイタリア修業中に立ち寄ったフィレンツェのトラットリアだった。そこで彼はイタリアについて延々と語った。その言葉の端々から、イタリア料理の深いところをより深掘りしていきたいという想いがものすごい熱量で伝わってきたことを鮮明に覚えている。

　ほどなくして小池さんは日本に戻り、東京のリストランテでシェフとなった。ワインにこだわったエレガントな店で、しかし、料理は頑なにイタリアの郷土料理。メニューには料理名とその説明がびっしりと記され、すべて読み込んでいたら一時間はかかるのではないかと思うほどで、イタリアを離れても小池さんのイタリア郷土料理愛はますます募っていることが手に取るようにわかった。

　そして2018年、満を持して自らの店「オステリア・デッロ・スクード」をオープン。コンセプトはもちろん郷土料理とイタリアの地酒（ワイン）を究めること。「イタリアにはイタリア料理はない。あるのは地方料理の集合体である」を合言葉に、他のイタリア料理店ではあまり出会わないような、時にはイタリアですら消滅しかかっているような、地方の伝統料理を提供する。そんな小池さんと、郷土料理についての入門編ともいうべき書籍を手がけるなら、地域性を比べたり、由来を追求する楽しみを感じられるパスタがよいのではないかと考えた。「地パスタ」という言葉は造語だが、土地に根ざし、地味で滋味な郷土料理を大切に思う小池さんの料理姿勢によく馴染んでいる。スクード（盾）でイタリアの郷土料理を守り、スクード（救う人）としてイタリアの郷土料理に献身を誓った小池さんによる「地パスタ」、本書がその深い味わいを知る手がかりとなれば嬉しい。

オステリア・デッロ・スクード
東京都新宿区若葉1-1-19　Shuwa house101
tel：03-6380-1922
営業時間　月曜〜金曜18：00〜21：30(L.O)　土曜12：00〜19：00(L.O)
　　　　　月曜と水曜のランチ12：00〜13：30(L.O)
定休日　日曜　不定休あり
http://osteriadelloscudo.net/

小池 教之 Koike Noriyuki

イタリア料理店「オステリア・デッロ・スクード」オーナーシェフ。1972年埼玉県生まれ。93年「ラ・コメータ」(東京)をはじめ、イタリア料理店数店において郷土料理を学ぶ。2003年渡伊。帰国後、07年に「インカント」(東京)のシェフに就き、10年間郷土料理を提供。独立し、18年2月26日に「オステリア・デッロ・スクード」を開店。イタリア20州の伝統料理を味わってもらうことを柱とし、メニューは一つの州をテーマに前菜からドルチェまで提供。3〜4ヶ月ごとに州を替え、内容も全て一新する。現地で学んだ郷土料理を徹底的に忠実に実践している。

池田 愛美 Ikeda Manami

イタリア在住ライター・編集者。出版社勤務後、1998年渡伊。フィレンツェを拠点にイタリア各地及び国外での取材、執筆活動に従事。主なフィールドは食。著書に『DOLCE! イタリアの地方菓子』『最新版 ウィーンの優雅なカフェ&お菓子』(共に世界文化社)、共著に『トラットリア ドンチッチョの極旨シチリア料理』『完全版イタリア料理手帖』(共に世界文化社)、『フィレンツェ美食散歩』『ローマ美食散歩』(共にダイヤモンド社)など。

料理 ……………	小池教之
撮影 ……………	池田匡克
構成・文 …………	池田愛美
装丁・本文デザイン…	オフィスハル+鳴島幸夫

DTP制作 …………	株式会社明昌堂
校正 ……………	株式会社円水社
編集協力…………	関根麻実子
編集部…………	川崎阿久里

撮影協力／器……… ザッカワークス
http://www.zakkaworks.com/

副久製陶所
http://soekyu.jp/

KIHARA
http://e-kihara.co.jp/

本書パスタの掲載順について

・乾燥パスタの章は、最初にロング、次にショート、最後にズッパ(スープ)系と麺のグループに分けた上で、地域ごとに並べています。ただし同じ料理名で地域性を見比べるもの(例:カレッティエラ)は、異なる州をあえて隣接させるなど例外的なものもあります。

・手打ちパスタの章は、最初にショート、変わり生地、詰め物、ロングの順に麺のグループに分けた上で、地域ごとに並べていますが、1レシピ=2Pの基本が3Pに増えた場合、その順は変則的になっています。

イタリア「地パスタ」完全レシピ

発行日	2019年11月25日	初版第1刷発行
	2021年 6 月10日	第2刷発行
著 者	小池教之	
	池田愛美	
発行者	竹間 勉	
発 行	株式会社世界文化ブックス	
発行・発売	株式会社世界文化社	
	〒102-8195 東京都千代田区九段北4-2-29	
編集部	電話 03(3262)5129	
販売部	電話 03(3262)5115	
印刷・製本	株式会社リーブルテック	

©Noriyuki Koike,Manami Ikeda, 2019. Printed in Japan
ISBN978-4-418-19311-0

無断転載・複写を禁じます。定価はカバーに表示してあります。
落丁・乱丁のある場合はお取り替えいたします。